Lorenz Jäger

FREIMAURER

Lorenz Jäger

Hinter dem Großen Orient

Freimaurerei und Revolutionsbewegungen

Karolinger Verlag
Wien – Leipzig

Für Sophie

Gesamtherstellung
Druckerei Theiss, St. Stefan im Lavanttal

Umschlag
Gesticktes Emblem, 19. Jht.
Briefmarken von Uruguay, 1989

Satz
Ecotext-Verlag, Mag. G. Schneeweiß-Arnoldstein, Wien

Photos
Archiv des Autors

2., durchgesehene Auflage 2010

ISBN 978 3 85418 134 7

Wenn ich etwas lesen will, wobei sich mir das Eingeweide umkehrt, wobei alles in mir sich in Widerspruch verwandelt (und das kann zuweilen nützlich sein), so schlage ich den Band Mazzini auf, der eines Tages, ganz ohne mein Verdienst und Zutun, wie vom Himmel gesandt in meine Hände gelangte, und dem ich nicht nur mein bißchen Einsicht in das Wesen politischer Tugend ursprünglich verdanke, sondern der mich auch lehrte, woher der deutsche Zivilisationsliterat Stil, Geste, Atemführung und Leidenschaft seiner politischen Manifeste eigentlich hat. Hier habe ich den lateinischen Freimaurer, Demokraten, Revolutionsliteraten und Fortschrittsrhetor in Reinkultur und in seiner Blüte; hier lerne ich „den Geist" als ein Ding zwischen Groß-Orient und Jakobinerklub begreifen, wie er heute, nach Rehabilitierung der Tugend, wieder begriffen werden will und muß.

Thomas Mann, Betrachtungen eines Unpolitischen

Inhalt

Büchners Maurer 9

Zur Geschichte des Grand Orient 11
Mit Exkursen zum Martinismus sowie 17
zum Alten und Angenommenen Schottischen Ritus 27

Georg Forster und Junius Frey:
Aufklärer, Freimaurer und Jakobiner 33

Frühkommunismus als „Maurerei in der Maurerei":
Filippo Buonarroti 52
Mit einem Exkurs zum Misraim-Ritus 56

Die Pariser Zeitschrift „Vorwärts!":
Börnstein, Bernays, Heine und Moses Hess 61
Mit einem Exkurs über die Loge der Trinosophes 69

Bakunin in Italien 78
Mit einem Exkurs zum Grad des Ritters Kadosch 79

Die Erste Internationale 91
Mit einem Exkurs zum Memphis-Ritus 91

Pariser Commune 99

Freimaurerischer Laizismus im Nahen Osten:
Die Revolution der Jungtürken 106

Kerenski und die russische Februarrevolution 114

Tucholsky und Ossietzky: Der Grand Orient und
die „Weltbühne" 121

Abtreibung und Euthanasie:
Frankreichs Maurer und die Bioethik 129

Personenverzeichnis 137

Büchners Maurer

Der Deutsche, der von den Freimaurern hört, wird „Verschwörungstheorie!" sagen und abwinken. Er wird sich an die Halluzinationen von Büchners Woyzeck erinnern, an den armen Stadtsoldaten, den Mörder seiner Geliebten, der auf dem Feld vor der Stadt etwas sieht, zu sehen meint: „Andres, das waren die Freimaurer, ich hab's, die Freimaurer, still!" Der Freund geht auf den beginnenden Wahn nicht ein, da hört Woyzeck, wie „es" pocht: „Es pocht hinter mir, unter mir" (*stampft auf den Boden*) „hohl, hörst du? Alles hohl da unten. Die Freimaurer!" Derselbe Büchner schrieb das Drama „Dantons Tod". Die Revolution hat begonnen, ihre Kinder zu fressen. Danton und Camille Desmoulins, eben noch mit Robespierre bei den Septembermorden vereint und in der ersten Szene am Spieltisch plaudernd, warten auf ihre Hinrichtung. Die letzte Szene zeigt auf dem Revolutionsplatz „zwei Henker an der Guillotine beschäftigt". Lucile, die Frau von Desmoulins, läßt sich auf den Stufen der Maschine nieder: „Ich setze mich auf deinen Schoß, du stiller Todesengel." Dann ruft sie: „Es lebe der König!" Ein Bürger stellt sie „Im Namen der Republik", sie wird „von der Wache umringt und weggeführt". Danton war Freimaurer, Desmoulins war es; ob der amerikanische Revolutionär Thomas Paine (bei Büchner „Payne"), der zusammen mit Danton und Desmoulins im Kerker sitzt, gleichfalls zu einer Loge gehörte, ist unklar, jedenfalls existiert aus seiner Feder der Essay „Origin of Freemasonry". Und auch der Mann, in dessen Schatten die Dramenhandlung steht, gehörte zum Grand Orient, der bedeutendsten französischen Bruderschaft: Guillotin, der Erfinder der Guillotine, war Freimaurer. Als Dominique de Villepin, damals Außenminister, am 25. Juni 2003 zum 275. Jahrestag des Grand Orient sprach, erklärte er, daß er zu einer Gesamtwürdigung des freimaurerischen Beitrags zur Geschichte Frankreichs nichts Neues mitteilen könne – aber es genügten einige berühmte Namen, um klarzustellen, wie wichtig dieser Beitrag sei. Villepin nannte Marat, Talleyrand, Le Chapelier, Condorcet, „aber auch Laclos, Sieyès, Guillotin, Desmoulins, Danton, Hébert". Das ist fast schon das Personenverzeichnis von Büchners Drama. Gerade Woyzeck hatte also recht behalten: Es war alles hohl, unterminiert, und da waren die Freimaurer.

Zur Geschichte des Grand Orient. Mit Exkursen zum Martinismus und zum Alten und Angenommenen Schottischen Ritus

Leicht kann dem Leser die Pointe des Premierministers Villepin entgehen, so offensichtlich ist sie: Er spricht von der Freimaurerei ausschließlich im Hinblick auf die Französische Revolution und die Republik. Zugespitzt gesagt, mit einem Wort des neunzehnten Jahrhunderts: die Freimaurerei ist nichts anderes als die Republik, in den Geheimniszustand versetzt, und die Republik nur die öffentlich gemachte Loge. Sicher, das war die Parole der altkonservativen Kräfte im Land, aber sie war nur möglich, weil die Maurer ihrerseits im triumphalistischen Überschwang haarscharf dasselbe verkündet hatten. Der Kriminologe Alain Bauer, ehemaliger Großmeister des Grand Orient und lange Zeit innenpolitischer Berater von Nicolas Sarkozy, sprach von der Maurerei als „einer Art Kirche der Republik". Allgemeiner gesagt: Es gibt kaum eine Verschwörungstheorie der Revolution, und sei sie noch so extravagant, die nicht in den stolzgeschwellten Erklärungen der Freimaurer noch überboten würde. Die Loge *La Parfaite Union* des Grand Orient von Quimper veröffentlichte im Februar 1790 eine „Adresse au Président de l'Asseblée Nationale": „Was seit Jahrhunderten nur die Devise der freimaurerischen Gesellschaft war, das wird nun, Herr Präsident, die Nationalversammlung zur rechtmäßigen Devise Frankreichs, vielleicht ganz Europas machen. Freiheit und Gleichheit, Worte, die bislang nur unserem Munde heilig waren und nur von ihm mit vollem Rechte ausgesprochen werden konnten, werden nun von 26 Millionen Menschen wiederholt, im Rausch der Begeisterung und des Glücks."[1] Solche Belege ließen sich leicht vervielfachen: Freimaurerische Erklärungen, nach denen Frankreich nun, nach der Revo-

1 „Ce qui depuis des siècles n'etait que la devise de la Société maçonnique, l'assemblée nationale, M. le president, en va faire la juste devise de la France, peut-être de l'Europe entière. Liberté, Egalité, ces mots sacrés que jusqu'ici nos bouches seules, avaient le vrai droit de prononcer, vingt-six millions d'hommes

lution, eine einzige große Loge geworden sei, hat vor allem Augustin Cochin dokumentiert. Und sie wiederholen sich im Juli 1830, im Februar 1848, ja noch in der Pariser Commune.

1789 und Freimaurerei: Das ist ein Konnex, dessen Behauptung, Bestreitung und Erforschung inzwischen eine Bibliothek für sich ausmacht. Charles Porset hat dazu einen hervorragenden Forschungsbericht veröffentlicht. Ganz unabhängig von der Frage aber, welchen Anteil die Freimaurer an der französischen Revolution faktisch hatten, ist es eine Tatsache, daß die Maurer ebenso wie die Revolutionäre des neunzehnten Jahrhunderts den Zusammenhang für selbstverständlich hielten und aus ihm ihre Inspiration bezogen. Bei Michail Bakunin lesen wir es als sicher behauptet: „Bekanntlich waren alle bedeutendsten Männer der ersten Revolution Freimaurer, und als diese Revolution ausbrach, fand sie dank der Freimaurerei in allen anderen Ländern ergebene und mächtige Freunde und Mitarbeiter, was sicherlich viel zu ihrem Siege beitrug.“[2]

Auf den Bau des salomonischen Tempels führen die Freimaurer ihre Mythologie zurück. „Tempel“ heißt auch der jeweilige Versammlungsort der Brüder. Die Geschichte ist in 1. Könige 5, 15 ff. überliefert. Danach sandte der König Salomo eine Botschaft an Hiram, König von Tyrus, mit der Bitte um Bauholz; Zedern und Zypressen wurden geliefert. Hebräische und phönizische Bauleute gingen ans Werk. Nach 2. Chronik 2, 12 sandte der König Hiram den Baumeister Hiram Abi, den die Maurer Hiram Abif nennen: „Er versteht es, Arbeiten in Gold, Silber, Bronze, Eisen, Stein, Holz, rotem und blauem Purpur, Leinen und Karmesin auszuführen, alle Gravierungen anzufertigen, alles zu entwerfen und zusammen mit deinen Künstlern und den Künstlern meines Herrn David, deines Vaters, auszuführen.“ Wiederum nach 1. Könige 7, 19 ff. war es dieser Hiram Abif, der die beiden Tempelsäulen Jachin und Boas anfertigte. Die ausschließlich maurerische, nicht mehr biblische Überlieferung nimmt nun an, daß Hiram Abif von drei übelgesinnten Arbeitern gezwungen werden

---

vont le répéter dans l'ivresse de l'enthousiasme et du bonheur.“ Zitiert nach: Charles Porset, Hiram Sans-Culotte? Franc-maçonnerie, Lumières et Révolution. Trente ans d'études et des recherches. Paris 1998, S. 84

2 Michail Bakunin, An die Genossen der Internationalen Arbeiter-Assoziation von Locle und La Chaux-de-Fonds. 1869. In: ders., Staatlichkeit und Anarchie. Hrsg. von Horst Stuke. Berlin 1972, S. 107

sollte, das „Geheimwort" zu verraten, das zwischen ihm und den Königen Salomo und Hiram verabredet worden war. Als sie ihr Ziel nicht erreichten, weil Hiram Abif das Gebot der Verschwiegenheit treu einhielt, sei er von den Bösewichtern umgebracht worden, die, um ihre Untat zu verbergen, auf seinem Grab eine Akazie pflanzten. Hiram Abif war nach 1. Könige 7, 15 der Sohn einer Witwe, und so nennen sich auch die Freimaurer „Söhne der Witwe". Dem Alten Testament wird in der maurerischen Rezeption ein im Grunde neuzeitlicher Mythos der Arbeit, der Fertigkeiten und der Kunst entnommen, und dieser Mythos wird Kern der Geheimlehre.

Mit dieser Gründungslegende war der Anspruch eines eigenen, überkonfessionellen, nicht mehr kirchlichen Weiheortes erhoben. Das göttliche Wesen heißt dort „Allmächtiger Baumeister aller Welten", kurz „A.B.a.W." Nach dem presbyterianischen Geistlichen Anderson, der 1723 das erste Konstitutionenbuch der Freimaurerei verfaßte, wird vom Bruder kein spezifisches Bekenntnis verlangt, sondern die Treue zu jener Religion, „in which all men agree" – ihre individuellen Bekenntnisse bleiben Privatsache („leaving their particular Opinions to themselves"). Daß es gerade ein schottischer Presbyterianer war, der am Beginn der geschriebenen Geschichte der Freimaurerei steht, wird man nicht für zufällig halten. In England waren die calvinistischen Presbyterianer (anders als in Schottland) eine „nonkonformistische" Kirche, während die Anglikaner die hegemoniale Position innehatten. Indem die Maurer sich außerhalb der Konfessionen stellten, erhoben sie einen intellektuellen Überlegenheitsanspruch; man war „aufgeklärt" gegenüber den Frommen, zugleich aber „eingeweiht" in eine universelle Weisheit, die die Schranken der Bekenntnisse hinter sich ließ, und durch das maurerische Geheimnis, die Pflicht zur Verschwiegenheit, geschützt war. Überkonfessionell ist schließlich seit Anderson auch der freimaurerische Kalender. Die christliche Zeitrechung wird als die „gewöhnliche" bezeichnet, als „ère vulgaire". Man rechnet in den Logen die Jahre seit der Weltschöpfung, mit dem „Jahr des wahren Lichts" oder „anno lucis" hebt der Kalender an. Der „Alte und angenommene schottische Ritus" der Hochgrade benutzt zudem den hebräischen Monatskalender.

Man kann diese Tendenz auf die französische Aufklärung, ja schon auf die Folgeprobleme des europäischen Absolutismus zurückführen. In äußerster Knappheit: Es handelte sich im achtzehnten Jahrhundert darum, Religion durch Moral zu ersetzen. Man zog die Konsequenz aus den konfessionellen Bürgerkriegen. Die Frömmigkeit wurde privat, öffentlich wurde die „Tugend“. Der französische Philosoph Michel de Certeau hat einen gewichtigen Beitrag zu dieser Vorgeschichte der maurerischen Ideologie vorgelegt.[3] Für den deutschen Leser liegt vor allem der Vergleich mit Reinhart Kosellecks epochaler Studie „Kritik und Krise“ nahe, die den gleichen Zeitraum und das gleiche Phänomen untersuchte. Den Endpunkt des Prozesses lokalisiert de Certeau in der bündigen Formulierung aus einem Brief Rousseaus an Voltaire: „Das Dogma ist nichts, die Moral ist alles.“ Ähnlich hatte es schon Helvetius in seinem Buch „Vom Geist“ in die Form einer rhetorischen Frage gebracht: „Und sind etwa die Dogmen heiliger als die Tugend?“[4] Tugend und Kirche treten in einen Gegensatz. Die Religion verwandelt sich, so de Certeau, vom begründenden Diskurs zum Objekt einer Forschung, die Züge der Ethnographie trägt: „Eine ‚Wissenschaft der Sitten‘ beurteilt von nun an die religiöse Ideologie.“[5] Die Rede von den „Werten“, die wie kaum etwas anderes für die Gegenwartsgesellschaften bezeichnend ist, hat hier ihren Ursprung. Ähnlich wie Reinhart Koselleck (und vor ihm Carl Schmitt im „Leviathan“) sieht auch de Certeau die Einbruchsstelle dieses Denkens im Absolutismus. Die Fassaden der Religion blieben erhalten, aber ihre Institutionen wurden von der Staatsräson unterwandert. In der Erziehung traten bürgerliche Tugenden in den Vordergrund, die Religion wurde zur „Frömmigkeit“ privatisiert und verinnerlicht. „‚Heiliges Leben‘ modellierte fortan nur mehr ‚subjektive‘ und ‚psychologische‘ Laufbahnen, die sich nicht mehr auf dem Spielbrett einer zivilen oder politischen Ordnung abspielen“.[6] Aber während Schmitt und vor allem Koselleck in diesem Raum des Inneren vor allem den Schutz eines latenten Machtanspruchs sehen wollten und das Logengeheimnis

3 Die Förmlichkeit der Praktiken. Vom religiösen System zur Aufklärungsethik: 17. bis 18. Jahrhundert. In: Zeitsprünge. Forschungen zur Frühen Neuzeit, Jg. 12, Heft 1/2. Lire Michel de Certeau/Michel de Certau lesen. Frankfurt am Main 2008

4 Claude-Adrien Helvetius, Vom Geist. Hrsg. von Werner Krauss. Berlin und Weimar 1973, S. 512

5 de Certeau, S. 107

6 A. a. O., S. 109

der Freimaurer in diesem Zusammenhang politisch interpretierten, erwähnt de Certeau jene Bünde nur kurz: „Die Zunahme an Klausen, Einsiedeleien und Geheimbünden auf der französischen Landkarte ist das gesellschaftliche Äquivalent dieser geschlossenen und sich vor der Welt in Schutz nehmenden ‚Herzen'."[7] De Certeau folgend, könnte man die Freimaurerei zunächst als den organisatorisch stabilisierten Kern dieser Lehre von der Privatisierung der Religion betrachten – der aber zwingend und keineswegs zufällig eine Wendung nach außen, gegen den „Aberglauben", nehmen mußte.

So folgte aus der bloßen Tatsache der Freimaurerei ein spezifisches Sendungsbewußtsein. Man empfand sich als Gegenelite. Schon Lessing hat es in seinen „Gesprächen für Freymäurer" für eine naive, kaum entschuldbare Täuschung gehalten, daß Sammlungen für wohltätige Zwecke das Hauptgeschäft der Logen seien – ihre eigentliche Tätigkeit liege auf einer andern Ebene. Indem sie in ihrem Innenraum Adel und Bürgertum vereinten, konnte sich die Idee der Gleichheit ausbilden, wenn auch erst rudimentär und auf die Brüder beschränkt. Jürgen Habermas hat den Logengedanken bündig formuliert: „Die soziale Gleichheit war zunächst nur als eine Gleichheit außerhalb des Staates möglich." Indem sie, jedenfalls dem Programm nach, keine Konfession ausschlossen, waren die Freimaurer für humanitär-universalistische Ideen offen. Indem sie „Tugend" übten, mußte den Maurern ihre Verantwortung für das Gemeinwohl und ihre Gegnerschaft gegen die „Despotie" nahekommen. Statuiert wird also allein durch die Konstitution als überkonfessioneller Weiheort eine Überlegenheit sowohl über die profane Außenwelt wie über die in den Grenzen ihrer jeweiligen Konfession Befangenen.

7 A.a.O., S. 111

Man hat den Kampf der katholischen Kirche gegen die Freimaurer, der sehr früh, nämlich 1738 mit der Bulle „In eminenti apostolata specula" von Papst Clemens XII. und der dort ausgesprochenen Warnung vor den Geheimbünden einsetzte, oft als unverständlichen Ausdruck mangelnder Toleranz und geistiger Enge gesehen. Dabei war diese Haltung zwingend. Die Kirche hatte einen klaren Auftrag, der sich aus der Bibel herschrieb: „Jeder Geist, der bekennt: Jesus Christus ist im Fleisch gekommen, ist aus Gott. Und jeder Geist, der Christus nicht bekennt, ist nicht aus Gott. Das ist der Geist des Antichrists, von dem ihr gehört habt, daß er kommt. Jetzt ist er bereits in der Welt." (1. Joh. 4, 2–3). Eine Organisation aber, die sich als „Tempel" ausgab, einen überkonfessionellen Gott statuierte, einen anderen als den christlichen Kalender einführte und eine eigene Weihe erteilte, mußte an sich schon in einen Widerspruch zur Kirche geraten – oder, um noch einmal Alain Bauer zu zitieren: „eine Art Kirche der Republik" kann per definitonem nicht die Kirche Christi sein.[8] Der Beitritt heißt profan „Aufnahme", esoterisch aber „Einweihung". Diese Initiation vollzieht sich in Stufen: der erste Grad ist der des „Lehrlings", der zweite der des „Gesellen" und der oberste der des „Meisters". Der Osten, Orient, ist die Heimat des Lichts. Der östliche Stuhl ist der des „Meisters vom Stuhl", der symbolisch den

---

8 Vgl. Vollständiges Gesangbuch für Freimaurer. Zum Gebrauch der Großen National-Mutter-Loge zu den drei Weltkugeln in Berlin und aller mit ihr vereinigten Logen in Deutschland. Berlin 1810: „Wer von der ungeweihten Welt verdient geweiht zu seyn; wer einst die Weihe noch erhält, auch dem gilt unser Wein." (S. 78) „Und nun weihe feierlich, würd'ger Meister, weihe diesen Tempel ein, daß sich jeder Bruder freue." (S. 185) „Dieß schwuren wir im Heiligthum des Ordens, in der Weihe Stunden", S. 354. Das Wort von Alain Bauer – „La franc-maçonnerie, c'est en quelque sorte l'Eglise de la République" – ist dokumentiert im „Journal Chrétien" (http://journalchretien.net/La-franc-maconnerie-baptisee-l,15618.html). Als Präfekt der Glaubenskongregation erklärte Joseph Kardinal Ratzinger am 26. November 1983: „Das negative Urteil der Kirche über die freimaurerischen Vereinigungen bleibt also unverändert, weil ihre Prinzipien immer als unvereinbar mit der Lehre der Kirche betrachtet wurden und deshalb der Beitritt zu ihnen verboten bleibt. Die Gläubigen, die freimaurerischen Vereinigungen angehören, befinden sich also im Stand der schweren Sünde und können nicht die heilige Kommunion empfangen. Autoritäten der Ortskirche steht es nicht zu, sich über das Wesen freimaurerischer Vereinigungen in einem Urteil zu äußern, das das oben Bestimmte außer Kraft setzt". (http://www.vatican.va/roman_curia/congregations/cfaith/documents/rc_con_cfaith_doc_19831126_declaration-masonic_ge.html)

Platz einnimmt, den einst Salomo besetzte. Ein „Grand Orient" ist deshalb die Großloge.

Eine plastische und in den Hauptzügen treffende Schilderung des Aufnahmezeremoniells hat Leo Tolstoi in dem Roman „Krieg und Frieden" gegeben.[9] Pierre Besuchow, dem Adepten, werden die Augen verbunden, sodann erhält er den Bruderkuß. Man führt ihn in ein Zimmer, wo er einige Minuten Zeit zur Selbstprüfung hat. Dann hört er ein Klopfen, es ist das Zeichen, die Binde abzunehmen. Er findet sich vor dem aufgeschlagenen Johannes-Evanglium und einem Totenschädel. In einem Kasten sieht er menschliche Knochen. „‚Gott, der Tod, die Liebe, die Verbrüderung aller Menschen', sagte er bei sich selbst und verband mit diesen Worten unklare, aber frohe und freudige Vorstellungen." Dann tritt ein Mann im Maurerschurz ein und prüft noch einmal, ob der Adept zur Aufnahme in den „heiligen Orden" bereit ist. Pierre hofft auf „geistige Wiedergeburt". Später werden ihm die Hauptregeln mitgeteilt, die den sieben Stufen des salomonischen Tempels entsprechen sollen: „1. Verschwiegenheit, Bewahrung des Ordensgeheimnisses, 2. Gehorsam gegenüber den Oberen des Ordens, 3. Sittenreinheit, 4. Menschenliebe, 5. Mannhaftigkeit, 6. Mildtätigkeit und 7. Liebe zum Tod." Pierre muß seine Wertsachen abgeben, sich teilweise entkleiden und dann dem Bruder seine geheimste Leidenschaft offenbaren. Wieder werden ihm die Augen verbunden. Man hält eine Degenspitze gegen seine nackte Brust. In einem neuen Zimmer muß er einen Zirkel an seine linke Brust halten und dabei den Treueeid ablegen. Schließlich empfängt er vom Stuhlmeister den weißen Lederschurz, die Maurerkelle und Handschuhe. Man erklärt ihm die Symbole des Teppichs: Sonne, Mond, Hammer, Lot, Kelle, behauener Stein. „Wenn du so das höchte Gesetz erfüllst, wirst du etwas von der urzeitlichen Seelengröße wiedergewinnen, die du verloren hast."

Exkurs über den Martinismus

Tolstois Held Pierre Besuchow, in einer Lebenskrise gefangen, wird von einem der „bekanntesten Freimaurer und Martinisten" für die Loge geworben. Der Martinismus, auch Illuminismus genannt, aber nicht mit den Illuminaten zu verwechseln, geht als esoterische Sonder-

9 Zweites Buch, Zweiter Teil, III.

form der Maurerei auf Louis-Claude de Saint-Martin zurück, ursprünglich aber auf Martines Pasqually (Martinez Pasqualis und andere Schreibweisen). Dieser gründete in der Mitte des achtzehnten Jahrhunderts den Orden der „Chevaliers Maçons Élus Coens de l'Univers", also der erwählten Priester. Als einzige Lehrschrift hinterließ er den „Traité de la réintegration des êtres". Pasquallys Doktrin der „réintegration" hat Gershom Scholem als christianisierende Übersetzung des kabbalistischen Begriffs „tikkun" ins Französische interpretiert. „Tikkun" ist eine Folge von Akten des Menschen, die den „Bruch der Gefäße" wieder heilt. Denn nach der kabbalistischen Lehre Isaac Lurias war es eine Krise im Schöpfungsvorgang selbst, in deren Folge, eben im Zerbrechen der Gefäße, die zur Aufnahme der göttlichen Emanation bestimmt waren, dämonische Kräfte freigesetzt wurden. Der „Bruch der Gefäße" läßt sich, wenn man Scholem folgt, als eine Ontolgie des Exils verstehen. „Nichts aber ist mehr dort, wo es eigentlich sein sollte. Alles steht irgendwo anders. Ein Sein aber, das nicht an seinem Orte ist, ist im Exil. Und so ist denn alles Sein von jenem Urakt an ein Sein im Exil und bedarf der Rückführung und Erlösung."[10] „Tikkun" heißt der menschliche Anteil bei der Ankunft des Messias, das so bezeichnete Handeln wird zum „Garanten der vollzogenen messianischen Restitution aller Dinge aus ihrem Exile."[11] Franz von Baader, der sich ebenso wie später Balzac mit Pasqually beschäftigte, sagte von ihm, er sei „ein Jude und ein Christ zugleich" gewesen, der sogar „den alten Bund uns nicht bloß in seinen Formen, sondern in seinen (magischen) Kräften wieder vergegenwärtigte".[12] Baader hat in diesem Zusammenhang versucht, die Offenbarungsgeschichte im Sinne einer maurerischen Folge von Menschheitsinitiationen zu deuten: Im alten Bund, dem „Regimente des Vaters", erblickt er den „Lehrlingsgrad des Geist-Menschen". Gott ist Herr, aber noch außerhalb und über dem Einzelnen. Im zweiten Grad, der Epoche des „Regiments des Sohns", wird der Mensch zum „Gesellen", indem Gott herniedersteigt und sich ihm gleichmacht, bis endlich im dritten Stadium, dem Regiment des Geistes, der Meistergrad erreicht ist und „der Allgemeine den Einzelnen in Sich auf- und emporhebend zugleich ihn durchwohne, ihm bei- und ihm inwohne." Indem das Zeit-

10 Gershom Scholem, Kabbala und Mythos. In: ders., Zur Kabbala und ihrer Symbolik. Frankfurt am Main 1973, S. 151

11 A.a.O., S. 157

12 Franz von Baader, Über des Spaniers Don Martinez Pasqualis Lehre. An Friedrich Schlegel. In: Franz von Baader, Sämtliche Werke Band IV, S. 118

alter des Geistes von Baader in die Zukunft versetzt wurde, war zugleich ein Vorbehalt gegen die Kirche ausgesprochen. Denn die Kirche mußte ja beanspruchen, seit dem Pfingstereignis vom Heiligen Geist geleitet zu sein. So war der Martinismus, in Baaders Deutung, eine attraktive Kompromißbildung für jene Maurer, die einerseits Christen bleiben wollten, andererseits aber die gegenwärtige Dogmatik und Verfassung der Kirche ablehnten. In der Privatkorrespondenz eines deutschen Freimaurers namens Falcke, die Gérard van Rijnberk anführt, heißt es 1779 über Pasqually: „Martinez Pasqualis, ein Spanier, will die Geheimnisse besitzen als ein Familiengut welches seit 300 Jahren bey seiner Familie in Spanien sey".[13] Das Wappen des Ordens der Élus Coens zeigte in der Mitte ein Hexagramm, einen Sechsstern. Allerdings ist nicht ausgemacht, ob es sich dabei um eine Verwendung in spezifisch jüdischem Sinne handelte – denn das Zeichen findet sich als „Siegel Salomos", später als „Schild Davids" auf jüdischen Amuletten schon des Mittelalters in der Funktion eines Abwehrzaubers, lange bevor es zum nationalen Symbol wurde – oder ob es als „Signatstern" eher alchimistisch konnotiert war, oder ob sich die Symbolausdeutungen irgendwie überlagerten. Wegen ihrer stärker religiös geprägten Vorstellungswelt wurden die Martinisten gerade in Rußland zu einer Gruppe von beträchtlichem, auch politischem Einfluß. Sie wirkten dort

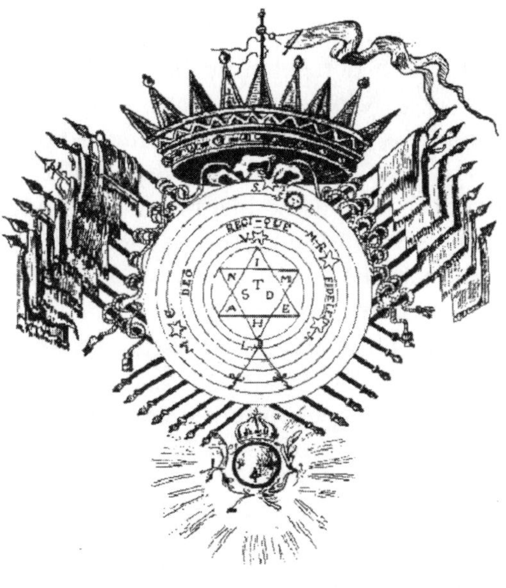

Wappen der „Élus Coens"

13 Zitiert nach: Un thaumaturge au XVIIIe siècle: Martines de Pasqually. Hildesheim 1988 (Reprint), S. 141. Zum Martinismus und Pasqually vgl. auch Wilhelm Schmidt-Biggemann, Politische Theologie der Gegenaufklärung. Saint-Martin, De Maistre, Kleuker, Baader. Berlin 2004, S. 24 ff. Schmidt-Biggemann läßt sich allerdings die „tikkun"-Parallele entgehen.

besonders im Sinne einer Reform der orthodoxen Kirche. „Jeder wußte recht gut, die russisch-griechische Kirche tauge nichts mehr; ihre Bischöfe, Gelehrten und Frommen wurden selber Martinisten", schrieb der Dichter Adam Mickiewicz in seinen „Vorlesungen über slawische Literatur und Zustände".[14] *So kam die hohe Achtung der martinistischen Maurerei auf Tolstoi.*

In manchen Riten wird dem Bruder bei einer höheren Einweihung auch der geheime Name des maurerischen Gottes mitgeteilt, des „Allmächtigen Baumeisters aller Welten." Er lautet „Jahbulon". Es hat inzwischen manche Versuche gegeben, den Gehalt des Namens wieder zu verschleiern, allein die maurerischen Handbücher des neunzehnten Jahrhunderts sind in völligem Einklang, was die Bedeutung angeht; statt aller anderen Belege verweise ich auf L. Carroll Judsons „Masonic Advocate 1860":[15] danach bedeutet die Silbe „Jah" Jehova, die Silbe „bul" den Gott Baal aus Phönizien, der Heimat Hirams und Hiram Abifs, die Silbe „on" schließlich den höchsten Gott Ägyptens, ursprünglich die Sonne. Alle drei Götternamen sind einander äquivalent und ergeben erst zusammen den Namen des überkonfessionellen Gottes, dessen Besitz der Inbegriff maurerischer Weisheit ist.

Die Freimaurer pflegen in ihrer ungemein reichen Ikonographie eine prononcierte Lichtsymbolik.[16] Ursula Schaumburg-Terner hat die vielfältigen Darstellungen von Licht, Sonne und Apollon als Lichtgott in den freimaurerischen „Diplomen", den graphisch kunstvoll gestalteten Mitgliedsausweisen Englands, Frankreichs und Schottlands untersucht. Deutschland fehlt aus einem besonderen Grund: Der Autorin wurde der Zutritt zum Merseburger Archiv verwehrt, somit war, wie Ursula Schaumburg-Terner schreibt, eine „repräsentative Sammlung des deutschen Materials nicht möglich". Häufig finden sich natürlich, auf „Jachin" und „Boas" zurückgehend, Säulen, daneben ist eines der prominentesten Bildmotive das „allsehende Auge", ein im Himmel schwebendes strahlendes Auge, das sich noch heute auf der Ein-Dollar-Note findet. Ein französisches Diplom zeigt ein Inschriftenband „Post

14 Zweiter Theil. Leipzig und Paris 1843, S. 338

15 Reprint Kessinger 2003, S. 207

16 Ursula Schaumburg-Terner, Freimaurerische Bildwelten – Zur Ikonographie der freimaurerischen Symbolik. In: Freimaurerische Kunst – Kunst der Freimaurerei. Hrsg. von Helmut Reinalter. Studien Verlag, Innsbruck 2005

Tenebras Lux" – das Licht durchbricht die Dunkelheit. Damit ist das Zentrum der Maurersymbolik angesprochen: Dem Adepten wird beim Eintritt in die Loge „die Augenbinde abgenommen und er erblickt ‚das freimaurerische Licht'. In der freimaurerischen Begrifflichkeit wird dies als ‚Lichterteilung' bezeichnet." Die schlechthin allgegenwärtigen Symbole der Freimaurer sind aber Zirkel und Winkelmaß, daneben auch Maurerkelle oder Senkblei.

Mein Sohn, ich wende mich zuerst an dich; ich habe dir himmlische Gattinnen bestimmt, die Töchter Salomos und der Königin von Saba. Ihrer Abkunft nach war es ihnen nur vergönnt, einfache Sterbliche zu sein. Doch Salomo hatte der Königin den großen Namen dessen, der da ist, enthüllt. Die Königin sprach ihn genau im Augenblick ihrer Niederkunft aus. Die Genien des Grand Orient eilten herbei und empfingen die Zwillinge, ehe sie die unreine Wohnstatt, die man die Erde nennt, berührt hatten.

Jan Potocki, Die Abenteuer in der Sierra Morena oder Die Handschrift von Saragossa

Nach 1789 spielt die Ikonographie der Revolution in Frankreich eine größere Rolle. Das Eindringen der neuen revolutionären Symbolik in die freimaurerische Graphik, so schreibt Ursula Schaumburg-Terner, „zeugt auch davon, daß Mitglieder der Logen für die Gedanken der Revolution zu begeistern waren und sich mit diesen auch identifizierten". Ein Diplom von 1784 zeigte unten noch das französische Königswappen – der damalige Großmeister des Grand Orient de France war der Duc d'Orléans. Fünfzehn Jahre später gab die gleiche Loge ein Diplom heraus, das an der Stelle des Königswappens die Worte „Liberté, Égalité" zeigte. An der Stelle, wo 1784 zwei Tauben standen, findet sich nun die Jakobinermütze. Der Duc d'Orleans stand in Opposition zu Ludwig XVI., seit 1792 nannte er sich programmatisch „Philippe égalité", entging aber der Guillotine nicht.

Gerade diese symbolpolitische Legierung der humanitär-säkularen Gedankenwelt der Freimaurer mit den Ideen der Revolution verblieb nicht im Innenraum der Logen. Noch heute lassen manche süd- und mittelamerikanischen Staatswappen den Anteil der Freimaurer an der Loslösung von Spanien erkennen: Argentinien zeigt die Jakobinermütze und die Sonne, dazu den brüderlichen Handschlag, der in vielen Emblemblättern der Maurer auftaucht; Honduras eine Pyramide, die obligaten zwei Säulen und die Sonne; Nicaragua eine schematisierte Pyramide, dazu Sonne und Jacobinermütze, ähnlich hält es El Salvador. Kolumbien ebenso wie Kuba nutzen gleichfalls das jakobinisch-republikanische Erkennungszeichen. So konnte sich die Idee verbreiten, bei Freimaurerei und Revolution handle es sich in Wahrheit um zwei Abschnitte einer einzigen Front.

Im neunzehnten Jahrhundert bestanden zwischen den Protagonisten der radikalen, republikanischen, demokratischen und sozialistischen Bewegungen einerseits und den Freimaurern andererseits enge Beziehungen. Sieht man es von der Seite der Politisch-Oppositionellen her, die meist auch scharf antiklerikal eingestellt waren, dann bot die internationale Gemeinschaft der Freimaurer eine europaweite, bis nach Rußland reichende Infrastruktur der Kommunikation, die ihnen die Kontaktaufnahme zu möglichen Sympathisanten, sei es in Italien, in Polen, in Frankreich oder in Großbritannien, erlaubte. Zwischen Gemäßigten und Radikalen in der Freimaurerei gab es ein weites Feld von Optionen, maurerische Kontakte waren in jedem Falle nützlich für die Revolutionäre. Hatten die Logen sich nach 1789 auf Gedeih und Verderb mit der Ideologie der Republik identifiziert, mit Freiheit, Gleichheit und Brüderlichkeit, so traten nun die Spannungen zwischen der esoterischen und der exoterischen Seite dieser Begriffe hervor. „Freiheit" konnte Liberalismus bedeuten und, durch das Geheimnis geschützt, auch Anarchismus. „Gleichheit" konnte für Rechtsstaatlichkeit und für gleiches demokratisches Wahlrecht stehen oder für Sozialismus; „Brüderlichkeit" für nationale Solidarität der Republik, oder für eine frühe Form der globalistischen Ideologie – schon bei Georg Forster als einem der ersten Autoren überhaupt findet sich der Begriff „Völkerbund" – oder für die Bruderkette der Eingeweihten selbst. Dieses Schillern *ist* die Freimaurerei des neunzehnten Jahrhunderts. Vom fortschrittlichen Bürgertum bis weit in die Linke hinein vereinigt sie die Kader der Republik.

Unweigerlich wird man in diesem Zusammenhang dem Verfasser eine „Verschwörungstheorie" vorwerfen. Johannes Rogalla von Bieberstein hat alle Spielarten der Konspirationsphantastik als Ideologie zu entlarven versucht.[17] Gegen solche Aufstellungen ist nicht mit einer Gegenpolemik zu antworten, sondern mit den wirklichen Quellen. Dies sind vor allem die außerordentlich auf-

---

17 Vgl. sein Buch „Der Mythos von der Verschwörung. Philosophen, Freimaurer, Juden, Liberale und Sozialisten als Verschwörer gegen die Sozialordnung". Wiesbaden 2008

Loge des Grand Orient in der Rue Cadet, Paris

schlußreichen Briefeditionen des vergangenen Halbjahrhunderts und die ernsthaften historischen Studien, die durch den neuen Quellenstand möglich wurden. Vielleicht darf man hier an Benjamin Disraeli erinnern, dem man nicht vorwerfen kann, in politischen Dingen leichtgäubig gewesen zu sein. Und doch gab er in seinem letzten Roman „Lothair" (1870) den Geheimgesellschaften eine Rolle unter den großen europäischen Mächten. Zum zweiten aber ist die Beziehung zwischen Verschwörungswahn und wirklicher Verschwörung viel dialektischer, als man gemeinhin glaubt. Um nur ein Beispiel zu nennen: Von Filippo Buonarroti nahm noch Arthur Lehning an, daß er Mitglied der Illuminaten gewesen sei mußte – so sehr ähnelte seine Organisationsidee der illuminatischen von Adam Weishaupt. Elisabeth L. Eisenstadt hat es dagegen wahrscheinlich gemacht, daß Buonarroti sich von der Ur-Verschwörungstheorie des Abbé Barruel inspirieren ließ, der innerhalb der regulären Maurerei eine zweite, geheime und illuminatische angenommen hatte und *diese* für die französische Revolution verantwortlich machte. Selbst der Titel von Buonarrotis nach 1830 so erfolgreichem Buch – „Die Verschwörung der Gleichen" (Conspiration pour l'égalité, dite de Babeuf) – scheint mit der Idee zu spielen, sich die konterrevolutionäre Polemik gegen die Konspirationen als Ehrentitel anzuheften. Und schließlich: die antimaurerische Pamphletistik habe ich vor allem aus einem Grunde nicht benutzt. Sie hat zwar einzelne Zusammenhänge und Namen zur Kenntnis gebracht, ist aber in der Zuschreibung maurerischer Mitgliedschaften oft so großzügig, will sagen unzuverlässig, daß man auf sie keine ernste Untersuchung gründen kann.

Eine Gesamtdarstellung der Freimaurerei ist auf diesen Seiten nicht beabsichtigt. Untersucht werden sollen, mit wenigen Ausnahmen, die Strahlungsfelder des Grand Orient, und auch diese werden nicht systematisch, sondern in Skizzen behandelt.[18] Um die These vorwegzunehmen: Die Freimaurerei diente den Revolutionsbewegungen teils als Rekrutierungsraum, teils als Kommunikationsnetzwerk; manchmal als Rückzugsbasis und manchmal als Versteck, als Stützpunkt legaler Deckung. Nirgendwo hat sich wie in Frankreich, und von dort ausgehend dann auch in den anderen Ländern der Romania, der Zusammenhang von Ideologie der Republik, Antiklerikalismus und Freimaurerei so deutlich hergestellt. Die englische, die deutsche und zum Teil auch die nordamerikanische Maurerei sind andere Wege gegangen; für eine Analyse der Revolutionsbewegungen können sie auch nicht annähernd die Rolle spielen, die der 1773 als Großloge gegründete

---

18 Zudem mußte ich das Feld der Untersuchung auf jene Bereiche begrenzen, die mir sprachlich zugänglich sind. So konnte ich nicht auf den tschechoslowakischen Ministerpräsidenten Eduard Benesch eingehen, der sich nach dem Ersten Weltkrieg den Freimaurern anschloß. Vgl. Zbynek Zeman und Antonin Klimek, The Life of Edvard Benes 1884–1948: Czechoslovakia in Peace and War. Oxford University Press 1997, S. 25, dort ohne Angabe des Namens der Loge. Nach anderen Angaben wurde Benesch zunächst in die Loge *Jan Amos Komensky No. 1* in Prag aufgenommen – der Name meint Amos Comenius – und später dann in die Lodge *Pravda Vitezi*. Auf eine Untersuchung des Schweizerischen Sonderbundskrieges, in dem sich 1847 die liberalen, unter prominenter Beteiligung der Logen, gegen die katholischen Kantone durchsetzten, habe ich gleichfalls verzichtet. Erwähnt sei, daß der Neuenburger liberale Politiker Aimé Humbert-Droz Großmeister der Großloge *Alpina* war. Ein von ihm in dieser Eigenschaft unterzeichnetes Schreiben dokumentiert: La chaine d'union de Paris. Paris 1873, S. 597. In der Folge des Sonderbundskrieges wurden von den nun mächtigeren Liberalen im Kanton Luzern zur Schuldentilgung Klöster aufgelöst.

Grand Orient hatte und hat. Deshalb lohnt ein Blick über die Grenze nach Frankreich. Denn dort, in einem der angestammten Kernländer der katholischen Kirche, werden die ideologischen Kämpfe um den Laizismus, die ganz Europa betreffen, noch unverstellt ausgetragen. Und der Deutsche, der einen Blick auf die französische ideenpolitische Debatte wirft, kann sich erst einmal die Augen reiben. Würde etwa der „Spiegel“ vor einer entscheidenden Wahl den Großmeister der deutschen Freimaurer zu einem Gespräch bitten? Unvorstellbar. Aber das Magazin „L'Express“ machte vor der letzten Präsidentschaftswahl genau dies und befragte Jean-Michel Quillardet, den Chef des Grand Orient de France (unlängst wurde er von einem Gericht wegen finanzieller Unregelmäßigkeiten verurteilt), nach den Wünschen seiner Organisation an die Kandidaten.

Im Dezember 2006 organisierte der Grand Orient die „Tage des Laizismus“. Seit diese Großloge 1877, in der Dritten Republik, das verpflichtende Bekenntnis zum „Allmächtigen Baumeister aller Welten“ abschaffte – auf Antrag des protestantischen Geistlichen Frédéric Desmons – und auch auf den Schwur auf das Johannesevangelium verzichtete, ist seine Sonderstellung in der Weltmaurerei nur noch deutlicher geworden. Er wird von den angelsächsischen Großlogen nicht mehr anerkannt. So kann man sagen, daß nicht nur das Überkonfessionelle, vage Deistische des achtzehnten, sondern auch der harte Laizismus des neunzehnten und zwanzigsten Jahrhunderts in der Freimaurerei seinen organisatorischen Kern und seine Kader fand. Indem der Grand Orient die Republik und den Laizismus als seine Hauptprinzipien aufstellt, verwächst er mit der französischen Staatsräson, wie sie sich seit 1789 und seit 1905 mit dem Gesetz zur Trennung von Kirche und Staat entwickelt hat. Gerade an diesem Gesetz, der „Loi Combes“, waren Freimaurer an führender Stelle beteiligt; Émile Combes, ehemaliger Priesterschüler, der von 1902 bis 1905 als Premierminister und zugleich als Innenminister amtierte, war ein Freimaurer; initiiert am 1. Juni 1869 in die Loge *Les Amis Réunis*. So steht der Grand Orient nicht für etwas Unbestimmtes, sondern für ein spezifisches Gesellschaftsmodell. Er definiert sich heute, wie schon im späteren neunzehnten Jahrhundert, als eine „wesentlich philanthropische, philosophische und fortschrittliche Institution“ („institution essentiellement philanthropique, philosophique et progressiste“). Louis André, Kriegsminister im Kabinett von Combes, war gleichfalls ein Maurer, und durch seinen Eifer stürzte dann die fortschrittlich-linke Regierung. André hatte die Militärlogen des Grand Orient beauftragt, geheime Listen von katholischen Offizieren anzulegen, die im Krisenfall „auszuschalten" waren.[19] Notiert wurden in den Personalakten Kürzel wie „VLM" – „Va à la messe" oder „VLM AL" – „Va à la messe avec un livre". Auch über den damaligen Hauptmann und späteren Marschall Pétain wurde ein Dossier angelegt. Er bekenne sich zu „nationalen und klerikalen Ideen", hieß es darin.[20] Die scharfe Repression, mit der das Regime von Vichy seit 1940 gegen die Maurer vorging, ist ohne solche Vorgeschichten kaum zu erklären.

Daß der Grand Orient oft auch ein Instrument der französischen Außenpolitik war, liegt auf der Hand und soll nicht eigens diskutiert werden. Es gilt dies zumal für die Zeit des Empire, als Joseph Napoléon, der Bruder des Kaisers, in das Amt des Großmeisters eingesetzt wurde.[21] Was Spanien betrifft, so kann auf die Darstellung von Marcelino Menéndez Pelayo verwiesen werden: „Los franceses multiplicaron las congregaciones masónicas en las principales ciudades de su dominio."[22] In Deutschland ist vor allem jene Frankfurter Loge zu nennen, die Ludwig Börne frequentierte. „Juden wurden nicht nur als Einzelne von den Frankfurter Logen zurückgewiesen. Die Loge *Zur Einigkeit*, die von ihrer Mutterloge in London ermächtigt worden war, neue Logen zu eröffnen, war auch nicht bereit, eine neugegründete jüdische Loge anzuerkennen. Zur Zeit der französischen Hegemonialherrschaft wandte sich die Loge *Zur aufgehenden Morgenröte* deshalb an den Grand Orient de Paris, von dem sie im Jahre 1807 formell anerkannt wurde. Diese Abhängigkeit von der Pariser Loge wurde

---

19 „When it was subsequently discovered in 1905 that war minister General Louis André had used Masonic army officers to report on the politics of their catholic collegues, denunciations of this ‚occult police' in the press and parliament forced Combes to resign." David M. Gordon, Liberalism and Social Reform: Industrial Growth and Progressiste Politics in France, 1880–1914. Santa Barbara 1996, S. 20

20 Vgl. Jacque le Groignec, Pétain et les allemands. Le Vaumain 1997. S. 25. Das Werk ist deutlich pro-Pétain, im Fall der dokumentierten „fiche" aber vermutlich zuverlässig.

21 Vgl. Achille Godefroy Jouhaust, Histoire du Grand-Orient de France. 1864, Reprint Paris 1999, S. 335

22 Marcelino Menendez Pelayo, Historia de los Heterodoxos Españoles, Band 2. Madrid 1987, S. 689

nach Napoleons Niederlage zu einem Makel."[23] Eine außenpolitische Funktion, nicht zuletzt in der frankophonen Zone Afrikas, hat der Grand Orient heute wie vor zweihundert Jahren. Am Wochenende des 2. und 3. Juni 2007 traf man sich in Straßburg zu einem internationalen Freimaurerkongreß unter dem Titel „Europa bauen – Die Welt bauen" (Construire l'europe, construire le monde). Unter den Festrednern waren der frühere Präsident des Senegal, Abdou Diouf, der bekannte französische Politiker Pierre Moscovici, in seiner Jugend ein Mitglied der trotzkistischen „Ligue Communiste Révolutionaire", bis vor einigen Jahren Europaminister, heute Generalsekretär der Sozialisten und Vizepräsident des Europäischen Parlaments. Von anderen Kontinenten war der prominenteste Teilnehmer wohl der frühere argentinische Außenminister Dante Caputo, der auch das Entwicklungsprogramm der Vereinten Nationen für Lateinamerika leitete und derzeit als Generalsekretär der Organisation amerikanischer Staaten (OAS) amtiert. Mit Besnik Mustafaj war der Außenminister Albaniens dabei; Thierry Cornillet vertritt die liberal-konservative UDF im Europaparlament beim Ausschuß für Industrie, Forschung und Energie, zudem gehört er dem Ausschuß für Menschenrechte an. Themenschwerpunkte waren die Rolle Europas in der Welt sowie der Nord-Süd-Konflikt und die positiv gesehene Migration.

Exkurs zum Alten und Angenommenen Schottischen Ritus

Schon bald nach der Einführung der Freimaurerei in Frankreich blühten neue Grade der Einweihung auf. Die Prätention auf höhere Geheimnise und auf das Alter der Überlieferung bedeutete in der Freimaurerei unmittelbar auch einen Anspruch auf größere Autorität. So erklären sich die verschiedenen Hochgradsysteme, eines phantastischer als das andere, denen wir auf diesen Seiten begegnen werden. Unter ihnen hat der „Alte und Angenommene Schottische Ritus" weltweit das größte Ansehen. Er ergänzt die Legende vom Bau des salomonischen Tempels durch die einer Herkunft der höheren Maurerei aus dem Orden der Tempelritter. Mit Schottland hat er in Wahrheit nichts zu tun, längst widerlegt ist auch die Legende, er sei von Friedrich dem Großen persönlich ausgebildet und ins Leben gerufen worden. Tatsächlich entstand er in seiner heutigen Form in den Verei-

23 Andrea Hopp, Jüdisches Bürgertum in Frankfurt am Main im 19. Jahrhundert. Stuttgart 1997, S. 130

nigten Staaten des frühen neunzehnten Jahrhunderts, und sein Ursprung führt wieder nach Frankreich zurück. Schon im achtzehnten Jahrhundert gab es Hochgrade. Andrew Michael oder André Michel Ramsay, genannt Chevalier Ramsay, Schotte von Geburt, Sohn einer anglikanischen Mutter und eines presbyterianischen Vaters, in Frankreich katholisch geworden, Freund Fénelons und der Madame Guyon, hielt 1736 eine Rede in der Loge Saint-Thomas in Paris, in der er die Templerlegende für die Maurerei beanspruchte. Das heute bekannte System der 33 Grade ist allerdings späteren Datums. Im einzelnen tragen diese Grade, die sich über Lehrling, Geselle und Meister erheben, die folgenden Bezeichnungen: Der vierte Grad ist „Geheimer Meister", der fünfte „Vollkommener Meister", der sechste „Geheimer Sekretär", der siebente „Vorgesetzter und Richter", der achte „Intendant der Gebäude", der neunte „Auserwählter Meister der Neun", der zehnte „Auserwählter Meister der Fünfzehn", der elfte „Erhabener Auserwählter Ritter", der zwölfte „Großmeister-Architekt", der dreizehnte „Meister des Neunten Bogens", der vierzehnte „Großer Auserwählter und Vollkommener Maurer", der fünfzehnte „Ritter des Degens" oder „...des Ostens", der sechzehnte „Prinz von Jerusalem", der siebzehnte „Ritter vom Osten und Westen", der achtzehnte „Ritter Rosenkreuzer", der neunzehnte „Groß-Pontifex", der zwanzigste „Großmeister aller Symbolischen Logen", der einundzwanzigste „Noachit" oder „Preußischer Ritter", der zweiundzwanzigste „Ritter der Königlichen Axt" oder „Prinz von Libanon", der dreiundzwanzigste „Oberster des Tabernakels", der vierundzwanzigste „Prinz des Tabernakels", der fünfundzwanzigste „Ritter der ehernen Schlange", der sechsundzwanzigste „Schottischer Trinitarier" oder „Prinz der Gnade", der siebenundzwanzigste „Ritter-Kommandeur des Tempels", der achtundzwanzigste „Ritter der Sonne", der neunundzwanzigste „Ritter des Heiligen Andreas von Schottland", der dreißigste „Ritter Kadosch" oder „...des Schwarzen und Weißen Adlers" , der einunddreißigste „Großinspekteur-Inquisitor" oder „Inquisitor-Meister", der zweiunddreißigste „Prinz des Königlichen Geheimnisses" und schließlich der oberste Grad: „Souveräner General-Großinspekteur".

Die Geschichte der systematischen Etablierung dieser Grade ist verwickelt genug, auch im inneren Parteienstreit der Freimaurer oft verzerrt worden. Achille Godefroy Jouhaust etwa hat sein ganzes Buch zur Geschichte des Grand Orient am Leitfaden einer Polemik gegen die Hochgrade geschrieben; als Schlüssel erschien ihm der

Kampf der „roten" Hochgrade mit den „blauen" Johannislogen. Mit dem scharf akzentuierten bürgerlichen Klassenbewußtsein des französischen Provinzadvokaten bekennt er sich zum „bescheidenen Hiram"[24] *und nennt die hergebrachten drei Grade „demokratisch und republikanisch", die Hochgrade dagegen „oligarchisch".*[25] *Folgen wir dennoch zunächst Jouhaust. Danach war es ein Maurer jüdischer Herkunft aus Bordeaux, Étienne oder später Stephen Morin, den seine Geschäfte in die Neue Welt riefen. Noch in Frankreich ließ er sich 1761 ein Patent zur Gründung neuer Logen und zur Ernennung neuer Hochgrad-Adepten ausstellen.*[26] *Morin erhob in der Karibik Maurer in hohe Grade, zunächst in einem System von 25 Stufen. Henry Andrew Francken erhielt in Jamaica als erster die Ernennung, dann wurde Moses Michael Hays Stellvertretender General-Großinspekteur und bekam die Vollmacht, weitere Männer mit diesem Grad auszustatten. Er wählte Isaac Da Costa, wohnhaft in Charleston. Nach dessen Tod wurde Joseph Myers sein Nachfolger. Die weiteren von Hays zu Stellvertretenden General-Großinspekteuren Erhobenen waren Solomon Bush, Barend Moses Spitzer (auch: Baron de Spitzer), Abraham Forst (oder Fürst), Simon Nathan, Thomas Randall und Samuel Myers. Später kamen noch hinzu Moses Cohen und Abraham Jacobs. Cohen wiederum ernannte Hyman Isaac Long zum Stellvertretenden General-Großinspekteur.*[27] *Die Lage der Hochgrade wurde unübersichtlich. Aber erst 1801 trat in Charleston, wo Da Costa gewirkt hatte, ein Rat zusammen, der den „Alten und Angenommenen Schottischen Ritus" endgültig festlegte. Er bestand unter anderem aus John Mitchell, Frederick Dalcho, Emanuel de la Motta (der vor spanischer Glaubensverfolgung geflohen war), Abraham Alexander, dem Major T. B. Bowen, Israel Delieben, Isaac Auld (einem Presbyterianer), Moses Clava Levy und James Moultrie. Von den insgesamt elf Gründern waren vier Juden: De La Motta,*

---

24 Jouhaust, S. 47

25 A.a.O., S. 8

26 „Un maçon juif, Stéphen Morin, que ses affaires commerciales appelaient en Amérique, demanda à la Grande Loge et aux Chefs de l'Art Royal, des Lettres patentes lui donnant pouvoir et mission de fonder une Loge, et de conferer des grades supérieurs." A.a.O., S 281

27 Vgl. Samuel Harrison Baynard, History of the Supreme Council of the 33rd Degree of Ancient Accepted Scottish Rite of Freemasonry. Teil 1. Reprint Kessinger 2003, pass.

Alexander, Delieben und Levy.[28] *Durch den Grafen Alexandre Grasse-Tilly, der 1804 in Paris einen Obersten Rat gründete, kam das System, das von Morin seinen Ausgang genommen hatte, wieder nach Frankreich zurück.*[29]

Warum aber wurde Charleston als Ort der förmlichen Gründung gewählt? Die Stadt, im Bundesstaat South Carolina gelegen, beherbergte zu Anfang des neunzehnten Jahrhunderts die bedeutendste jüdische Gemeinde Nordamerikas. In der örtlichen Freimaurerei spielten Juden seit je eine hervorragende Rolle.[30] *Auch Schotten und Franzosen waren in großer Zahl eingewandert. Hier war der wichtigste Hafen des Südens für den Atlantikhandel, Schiffe aus Afrika und der Karibik brachten ihre Fracht. Und diese Ladung bestand zu einem nicht geringen Teil aus Menschen. Wer in der Region Reis oder Indigo anbaute, lebte von Sklavenarbeit. Auch manche der erwähnten Hochgradmaurer waren in diesem Wirtschaftszweig tätig. Isaac Da Costa hatte sein Vermögen zum Teil im Sklavenhandel erworben. Man weiß im Einzelnen von zweien seiner Schiffe: das eine brachte 1760 zweihundert Afrikaner, das andere hatte 1763 weitere 160 geladen.*[31] *Joseph Myers, der sich in Virginia niederließ und Tabakplan-*

---

28 Vgl. A Portion of the People: Three Hundred Years of Southern Jewish Life. Hrsg. von Dale und Theodore Rosengarten. University of South Carolina Press 2002, S. 78

29 Im deutschen Sprachraum hat sich der Sozialphilosoph Alfred Schmidt um die Historiographie der Hochgrade verdient gemacht. Vgl. Die Tempelritter als geistige Ahnen der Freimaurerei, in: Der Schottische Ritus. Ein Gang durch die Grade des A. A. S. R., 13. Heft, Frankfurt am Main 1997; Ort und Funktion des Esoterischen im Schottischen Ritus, in: Eleusis, 52. Jg., Heft 3, Frankfurt am Main 1997; Die geistige Situation des Schottischen Ritus an der Schwelle des 21. Jahrhunderts, in: Eleusis, 53. Jg., Heft 3, Frankfurt a. M. 1998. Was das Exoterische betrifft, so hat sich Schmidt vornehmlich mit der Geschichte der „Kritischen Theorie", also des marxistischen Frankfurter Instituts für Sozialforschung befaßt. Auch hier eine jener Paradoxien, deren Logik erfaßt sein will.

30 „In Freemasonry the jews of South Carolina have always taken a prominent part", schreibt Barnett Abraham Elzaz in seinem Buch „The Jews of South Carolina". Charleston 1903, S. 144

31 Vgl. Saul S. Friedman, Jews and the American Slave Trade. New Brunswick und London 1999, S. 147. „He traded a wide range of goods with the northern colonies, the West Indies, West Africa and Britain" lautet die denkwürdige Umschreibung von Da Costas kommerzieller Tätigkeit bei Marcie Cohen Ferris, Matzoh Ball Gumbo: Culinary Tales of the Jewish South. University of North Carolina Press, 2005, S. 34. Zu den „zahlreichen" Sklavengeschäften Da Costas vgl. Henry L. Feingold, Zion in America: The Jewish Experience from Colonial Times to the Present. Dover-Nachdruck 2002, S. 42.

tagen bewirtschaftete, hielt dort 82 Sklaven.[32] *Dalcho war als Arzt für die medizinische Kontrolle ankommender Sklaventransporte in Charleston verantwortlich, die unter anderem auf Masern untersucht werden mußten. Er verfaßte später Schriften, die das Institut der Sklaverei aus der Bibel rechtfertigten, allerdings sei den Sklaven eine christliche Unterweisung zu geben. Sein Buch „Practical Considerations founded on the scriptures Relative to the Slave population of South-Carolina" ließ er 1823 anonym in Charleston erscheinen. Moultrie, einer der Christen im Obersten Rat, besaß 20 Sklaven in Charleston.*[33] *Und der Graf Grasse-Tilly hatte 1793 im heutigen Haiti gegen die Sklavenrebellion des Toussaint l'Ouverture gekämpft, war danach aus dem Land geflohen und so nach Charleston gekommen.*

Man wird sich fragen, wie diese Sklavengeschäfte zum freimaurerischen Ethos paßten. Aber die Frage ist falsch gestellt. In einem und nur einem, allerdings dem entscheidenden Punkt, waren die amerikanischen Hochgradmaurer sehr fortschrittlich: Sie hatten keine judenfeindlichen Vorurteile; der „hebrew brother", wie man sich damals ausdrückte, achtete den Christen in der Loge, und umgekehrt. Insofern mußten die Verhältnisse in Charleston oder Virginia für die europäischen Maurer geradezu als ein Utopia der Brüderlichkeit erscheinen. In Charleston war man tolerant, ein Musterbeispiel der Emanzipation. Und so findet sich auch in der neueren amerikanischen Geschichtsschreibung die Ansicht freudig ausgesprochen, die „diversity" des Obersten Rates von Charleston, unter dessen Mitgliedern nur zwei gebürtige Amerikaner waren, sei ein „erstaunliches Beispiel der Assimilation".[34] *Der umgekehrte Fall der preußischen Logen,*

---

32 Vgl. Friedman, Jews and the American Slave Trade, S. 133 und James Sidbury, Ploughshares to swords. Race, Rebellion and Identity in Gabriel's Virginia. Cambridge University Press 1997, S. 212. Daß es sich bei dem Sklavenhalter um eine andere Person gleichen Namens handelt, möchte man ausschließen, wenn man über den Freimaurer liest: „Your committee are (sic!) informed that the above-named Brother Myers, previously to his return to Europe, while pursuing his mercantile concerns, resided some times in the cities of Virginia and Maryland, where he communicated a knowledge of the degrees in question." Zitiert nach: John H. Cowles, Supreme Council 33rd Degree Part 1 or Mother Council of the World of the Ancient and Accepted Scottish Rite of Freemasonry, Southern Jurisdiction. Reprint Kessinger 2003, S. 52. Myers war in Virgina als Freimaurer aktiv.

33 Vgl. Friedman, S. 159

34 Rosengarten, A portion of the people, S. 78

die mit der Sklaverei nichts zu tun hatten, aber Juden ausschlossen, führte 1846 zu einem großen Konflikt zwischen dem Grand Orient, der von „mittelalterlichen Vorurteilen" sprach, und Berlin.[35] *Es bleibt nur noch die Feststellung, daß die Zuschreibung des in Charleston Beschlossenen auf Friedrich den Großen, den man als den eigentlichen Urheber der Riten ausgab, eine freche Fälschung bedeutete. Aber eine Autorität mußte her, auf die man sich berufen konnte. Wer auf der Klaviatur dieses neuen Instruments zu spielen verstand, konnte viel erreichen.*

35 Jouhaust, S. 484 f.

Georg Forster und Junius Frey: Aufklärer, Freimaurer und Jakobiner

Den unprovinziellsten der deutschen Denker hat ihn der Historiker Gordon Craig genannt. Und Friedrich Schlegel sagte von ihm: „In andern, auch den besten deutschen Schriften, fühlt man Stubenluft. Hier scheint man in frischer Luft, unter heiterm Himmel, mit einem gesunden Manne, bald in einem reizenden Tal zu lustwandeln, bald von einer freien Anhöhe weit umherzuschauen.“ Der Lobreden auf Georg Forster sind viele.

Der geschichtliche Weg von der Aufklärung zum Zenit der französischen Revolution, der in Hegels „Phänomenologie des Geistes“ gut vierzig Seiten mißt, war der Lebensweg Georg Forsters. Aber man versteht ihn nicht ohne die soziologisch faßbaren Zwischenstationen der Freimaurerei und des Rosenkreuzertums. Als Knabe bereits zu wissenschaftlich-botanischen Arbeiten herangezogen, dreizehnjährig mit der Übersetzung einer Geschichte Rußlands hervorgetreten, schloß er sich 1772 mit seinem Vater Reinhold der Cookschen Entdeckungsfahrt auf der „Resolution“ in den Südpazifik an. Mit dem Expeditionsbericht, der „Reise um die Welt“, wurde er in Deutschland schlagartig berühmt; seine malerischen Schilderungen des fernen Tahiti beflügelten die utopische Phantasie der deutschen Zeitgenossen.

Der Erfahrungshunger der Aufklärung – niemand hatte in Deutschland zuvor das Wort „Forscher“ mit solcher Emphase ausgesprochen, nirgendwo sah man die vitalen Reize des Entdeckens so gefeiert wie in dem Essay „Über Leckereien“ – wurde Forster zum Schicksal. Hinzu kam freilich, daß ihm der Aufbruch zu den neuen Horizonten des Wissens von einem Vater vermittelt wurde, der einer abenteuerlich-unsteten Lebensweise frönte. Nicht zufällig spricht Forster von dem „Abenteuer der Aufklärung“.[36]

36 Georg Forster, Philosophische Schriften. Hrsg. Von Gerhard Steiner. Berlin (DDR) 1958, S. 164. Soweit nicht anders erwähnt, zitiere ich Forster nach Ulrich Enzensbergers schöner Collage-Biographie „Georg Forster. Ein Leben in Scherben“. München 2004

„Starrsinn und Widerspruchsgeist" nennt Therese Huber, Forsters spätere Frau, als Hauptcharakterzüge von Reinhold, der sich mit seinen Auftraggebern und Förderern regelmäßig überwarf. In keiner Position blieb er lange, Georg mußte aushelfen und der Unruhe des launenhaften Querulanten folgen. Es war ein Weg der Extreme, und als der schmächtige Junge in London, kurz nach der Publikation der russischen Geschichte, als Kaufmannsgehilfe quer durch die Stadt herumlaufend, Gelder einzukassieren und Rechnungen auszustellen hatte, verfiel er in eine Auszehrung: „Die abwechselnden Extreme", schrieb der Vater, „waren seiner Gesundheit schädlich."

Vernunftpathos und die Erfahrung ständig wechselnder Lebensumstände schlossen sich für Forster in einem Weltbild zusammen, das die Revolution bereits als Leerstelle enthielt. „Der Himmel", schrieb er 1781, als er „an Buffons Hand" die Natur darstellte, „ist der Schauplatz großer Begebenheiten. Eine verlöschende Sonne, die den Umsturz einer Welt oder eines Weltsystems verursacht" – konnte sie nicht dem aufgeklärten Beobachter einen Vorgeschmack des Kommenden geben?[37] Forster sah Chaos und Zerstörung als Voraussetzungen schöpferischer Kraft an. Auf der Idee, Fortschritt sei das Resultat einer „exzentrischen Bahn",[38] beruhte seine Kulturtheorie. Die Mannigfaltigkeit, so heißt es im „Leitfaden zu einer künftigen Geschichte der Menschheit", erfordere „partielle Disharmonien und Exzentrizitäten".[39] Das war seine wesentlichste, immer wieder variierte Einsicht über den Menschen: Kultur entsteht durch Abweichungen. Angesichts des Kölner Doms, den er mit dem Schauspieler Iffland und Alexander von Humboldt besuchte und dem er in den „Ansichten vom Niederrhein" einige der gewaltigsten Seiten seines Werks widmete, wollte er „Zeugnis … geben von der schöpferischen Kraft im Menschen, die einen isolierten Gedanken bis aufs äußerste zu verfolgen und das Erhabene, selbst auf einem exzentrischen Wege, zu erreichen weiß".[40] Ob er einen Orkan beschrieb, der auf seiner Bahn alles zerstört und dann verschwindet, oder ob er, in einer kaum verschlüsselten apologia pro vita sua, den deutschen Lesern die „wilde Laufbahn" des Reisenden Benjowski vorstellte

37 A. a. O., S. 10
38 A. a. O., S. 169
39 A. a. O., S 78
40 A. a. O., S. 121

Voltaires Maurerschurz, um 1778

– ein Radikalismus ist spürbar, der nicht gedanklich blieb, sondern in die Lebensführung hineinreichte. Warum wurde er von jedem, der ihn kannte, „der unglückliche Forster" genannt? Manchmal hatte er bloß Pech: Als seine südpazifischen Präparate verfault in Deutschland eintrafen, berichtete Merck der Herzogin Anna Amalia, Forsters Unglück habe „tiefen Eindruk" auf ihn gemacht. „Bougainville, Forster, Banks … teure Namen", notiert Alexander von Humboldt, als er in einem späteren Reisetagebuch seines Mentors gedenkt: „Aber auch dieses so edle, gefühlsreiche, immer hoffende Leben durfte kein glückliches sein." Zu dem traurigsten Unglück gehört das Sterben Forsters nach einem schmerzhaften Leiden.

Auch über der Ehe mit Therese lag ein Unsegen, der mit seiner Abfolge von Kühle, unbefriedigter Passion, ungewollten Schwangerschaften und Affären den Leser begleitet. Erst mit Friedrich Meyer, der Trauzeuge gewesen war, später mit Forsters Mitarbeiter, dem Literaten Ludwig Ferdinand Huber, knüpfte Therese Verbindungen an, die Georg zeitweise tolerierte. Sein Krisensinn für die Brüchigkeit der Weltverhältnisse hatte biographische Entsprechungen. Als er Meyer eine Stelle in Berlin verschafft hat, um ihn endlich loszuwerden, meldet Forster seinem Freund Spener, „in einer unsäglichen und mir selbst unbegreiflichen innern Bewegung und Zerrüttung" gelebt zu haben, bis das „unnatürliche, oder besser, unzweckmäßige" Verhältnis beendet war.

In Paris wurde Forster Mitglied der Loge *Les Neuf Soeurs*, die ihren Namen von den neun Musen bezog; es handelte sich um eine programmatische Intellektuellen- und Aufklärer-Loge. 1776 war sie von dem Mathematiker Lalande gegründet worden. Ihr gehörten Helvetius und Voltaire an, auch Benjamin Franklin. Als Voltaire, der sich in der Vergangenheit sehr spöttisch über die Plattheit des Logengeheimnisses geäußert hatte, am 7. Juni 1778 initiiert wurde, sah die maurerische Welt eine ihrer ruhmreichsten Zeremonien. Als Ehrenplatz wurde ihm sogleich der „Orient", der Sitz des Stuhlmeisters, angewiesen. Man reichte ihm den Schurz des verstorbenen Helvetius, den er ehrfurchtsvoll an seine Lippen führte. Hier mußte Forster sich zu Hause fühlen, hier erreichte er den Grad eines Meisters.[41] Eines der großen Anliegen der *Neuf Soeurs* war die Unterstützung der amerikanischen Revolution. Franklin bekleidete 1779 das Amt des Stuhlmeisters.

Im Februar 1783 hielt Forster eine „Fest-Rede" in seiner Loge *Zum gekrönten Löwen* in Kassel; anwesend waren die beiden hessischen Prinzen. Ausdrücklich will er in seiner Ansprache das „Verhältnis zum Staate"[42] klären. Zunächst aber fällt eine ausgreifende Rhetorik der „Tugend" auf, fast scheint dies der Zentralbegriff. Von der „göttlichen Tugend", dem „Tempel der Tugend", dem „Altare der menschenfreundlichen Tugend" oder dem „Altar der reinsten Menschentugend", dem „zarten Tugendgefühl" und dem

---

41 Gerhard Steiner, Freimaurer und Rosenkreuzer: Georg Forsters Weg durch die Geheimbünde. Neue Forschungsergebnisse auf Grund bisher unbekannter Archivalien. Weinheim 1985, S. 20

42 A.a.O., S. 129

„tugendhaften Maurer" ist nun stets aufs Neue die Rede. Leicht könnte man dies für reinen Schwulst halten. Aber dann würde man den polemischen Sinn verkennen, den „Tugend" im achtzehnten Jahrhundert angenommen hatte. Tugend wurde zur Beschreibung eines Habitus praktischer, gemeinwohlbezogener Aufklärung und trat damit in Opposition zum „Despotismus" und zur „Tyrannei". Vor allem Helvetius hatte in seiner Schrift „Vom Geist" *diesen* Begriff der Tugend schon an die Grenze einer *politischen* Kritik an der französischen Monarchie herangeführt. Aber Forsters Rede erschöpft sich nicht in einer Beschwörung der Tugend, so wichtig die Idee hier auch sein mag. Bedeutsamer ist, daß er, der stets über das Ziel der Geschichte reflektierte[43] und dessen Schlüssel im „Gesetz der Weisheit" finden wollte, die Freimaurerei in einem geschichtsphilosophischen Schema deutet, das von der fernsten Vergangenheit in die Zukunft weist; ja diese Öffnung der Zukunft ist der eigentlich entscheidende Gedanke. Fünf Epochen unterscheidet Forster: Die des patriarchalischen Urzustandes, in dem „Vormundschaft" und „Fürsorge" wohltätig und unausweichlich waren; dann die Zeit der leidenschaftlichen „Empörung",[44] in der die Menschen einander nur als „vernünftige Raubtiere" zu sehen vermochten. Dort entstanden die „unseligen Begriffe des Eigenthums und der Alleingewalt", aus der die Erde blutbefleckt hervorging. Endlich kam die Epoche der „gesellschaftlichen Verträge". Die Gewalt des Einzelnen wurde „durch die Gewalt der ganzen Bundesgenoßenschaft entkräftet." Allein auch hier herrscht ein „unnatürlicher Grund" der Verfassung, die auf Zwang und Gewalt beruht, die „Bruderliebe" ist „längst erloschen". Nun aber, im vierten Zeitalter, treten „Weise und Menschenfreunde" auf, die „Erzieher" der Völker. Christus wird nicht namentlich genannt, ist aber in der Darstellung als säkularer Lehrer, umcodiert auf „Tugend" auch er, „in der Sanftmuth und im standhaften Dulden, in der Selbstbeherrschung und Aufopferung, im Glück des Nebenmenschen, in Stillung fremder Schmerzen" gegenwärtig. Das Erbe dieser Epoche tritt die Freimaurerei an und führt sie in die Zukunft: „Und wann nun irgendwo ein edler Trieb die Freunde dieser pracktischen Tugend in ein *freywilliges, geheimes* Bündnis vereinte, bey verderbten Zeitläuften einander

43 Forster, Philosophische Schriften S. 162

44 Dieses und die folgenden Zitate aus der Maurerrede nach Steiner, S. 138ff.

beyzustehen mit Beyspiel, Rath und That, und andere um sich her, durch den Anblick ihrer innern Ruhe zur Nacheiferung zu reitzen: auffallend wäre dann auch dieser Bund ein Werckzeug Gottes, den guten Keim im Menschen zu entwickeln, und im Verborgnen, ohn' allen gleißnerischen Schein, die Bürger jedes Staats zu ächten Menschen zu bilden." Wie für Lessing erschöpfte sich die Freimaurerei für Forster nicht in der unmittelbaren Philanthropie: sie hat eine geschichtsphilosophische Aufgabe, ja sie erfüllt recht eigentlich erst den Sinn der Geschichte. Statuiert wird ein „gemeinschaftliches Intreße der Menschheit und der Maurerey". So steht die Freimaurerei in einer philosophischen Verfassungsgeschichte der Menschheit. In der Loge bereitet sich die „Zukunft" vor, indem eine „Veredlung der menschlichen Natur" der Zweck der Maurerei ist. Zwar grenzt Forster die *„Freyheit des Maurers"* noch ab von der „rohen, zügellosen Wildheit ungesitteter Barbaren" und der „argwöhnischen Selbstsucht des Demokratischen Geistes". Aber es überrascht nicht, daß diese Gedankenwelt, in der Tugend, Erzieheramt und geschichtsphilosophische Erwartung zusammenfielen, sich bei der ersten Gelegenheit aus dem Innenraum der Logen nach außen explosiv entladen mußte.

Forster war nicht nur Freimaurer, sondern, seit Ende 1779, als er in Kassel die Eidesformel unterschrieben hatte, auch Gold- und Rosenkreuzer. Sein Ordensname war „Amadeus Sragorifonus Segenitor", ein Anagramm von Ioannis Georgeus Adamus Forster. In den Statuten hieß es: „Bete und faste, halte am Glauben fest, erforsche gläubig die Natur, erkenne durch Gott die Natur und durch die Natur Gott: so wird einst der Mensch aus fernen Landen kommen und dich unterrichten! Bis dahin vertraue deinen Oberen und sei ihnen gehorsam lebenslang. Sei gläubig, gläubig, gläubig." Gläubig die Natur zu erforschen, um noch tieferer Geheimnisse habhaft zu werden, war nun genau das, was sich Forster zum Ziel gesetzt hatte. Aufklärung und Rosenkreuzerei waren für ihn nicht zwei einander ausschließende Angelegenheiten, sondern das eine bildete jeweils den Metaphernvorrat des anderen. „Die Natur", schreibt er, „es sei als Werkzeug oder wirkende Kraft, bleibt allezeit die erste unmittelbare Offenbarung Gottes an einen jeden unter uns."[45] Das Studium der Natur „bilde die „Vorbereitung unseres Geistes zu Wundern anderer Art, zum Glauben

45 Forster, Philosophische Schriften , S. 9

an jene nachfolgenden Offenbarungen, welche das Heil der Menschheit näher betrafen und die Hoffnungen der Vorwelt erfüllten (...) Indem der Mensch die Natur, den Vorhof des Thrones göttlicher Herrlichkeit, betrachtet und ermißt, erhebt er sich stufenweise zum inwendigen Sitze der Allmacht und Allgegenwart."[46] Kurzum: wenn man in Forsters „Blick in das Ganze der Natur" zwischen den Zeilen liest, stößt man auf das rosenkreuzerische Programm, in der Erhebung zu Gott einen höheren Grad der Naturerkenntnis zu erlangen. Die Zusammenkünfte des Kreises begannen mit der Anrufung der göttlichen Weisheit und endeten auf Knien, mit dem Vortrag des 147. Psalms, der Gott gleichsam als Naturkundigen anspricht: „Lobet den Herrn / Denn unsern Gott loben / das ist ein köstlich Ding / solch Lob ist lieblich und schön. / Der Herr bawet Jerusalem / vnd bringet zusammen die Verjagten in Israel, / er heilet die zubrochens Hertzens sind / vnd verbindet jre Schmerzen. / Er zelet die Sternen / und nennet sie alle mit Namen." Das bedeutete zugleich die Abgrenzung von einer konfessionellen Religion, wie sie schon das Aufnahmezeremoniell des Ordens nahelegte: „Was ist vom Ceremoniell des Gottes Diensts, oder insonderheit vom äußerlichen Gottes Dienst zu halten?"[47] Die Antwort lag in der Frage beschlossen. Forsters Freund Sömmering, auch er im rosenkreuzerischen Verband, schrieb damals an seinen Vater: „Die Bewunderung der unendlichen Weisheit ist freilich das größte Vergnügen, das uns Zootomie in reichem Maße schafft. Da Forster mein intimster Freund ist, so können sie leichtlich glauben, daß wir über Religion gleich denken müssen, denn sonst kann Freundschaft nicht halten. Wir sind überzeugt, daß nur der das Unglück hat, ein Freigeist zu sein, der die Bibel nicht versteht; leider gehören aber jetzt große sogenannten Theologen dazu."[48]

Wenn Gerhard Steiner, einer der besten Kenner des Werkes, davon sprach, der Aufklärer Forster sei „in die Fänge" der Geheimgesellschaft geraten, wird man ein Fragezeichen setzen. Es gab innere Gründe, die den Bund für ihn attraktiv machten, und das dort gepflegte Bewußtsein, einer Menschheitselite anzugehö-

46 A.a.O., S. 15

47 Steiner, S. 66

48 Zitiert nach: Lorenz Jäger, Der aufgeklärte Adept der Rosenkreuzer – Georg Forster in Kassel. In: Aufklärung in Hessen. Facetten ihrer Geschichte. Wiesbaden 1999, S. 169ff.

ren, mag seinen Weg zu den Mainzer Jakobinern erleichtert haben. Wenn das Gottesreich auf Erden angestrebt und die göttliche Weisheit angerufen wird, scheint man sich auf der Position einer esoterisierten Aufklärung zu befinden, bei der die „Vormundschaft der Weiseren und Besseren über die Kurzsichtigen" der intellektuellen Elite vielversprechend klingen mußte. In diesem Sinne hat auch Carl Schmitt von „Geheimbünden und Geheimorden, Rosenkreuzern, Freimaurern, Illuminaten" als Vorzeichen den französischen Revolution gesprochen.[49]

Dieser Bund hatte neun Grade: Juniores, Theoretici, Practici, Philosophii, Adepti minores, Adepti majores, Adepti exempti, Magistri und schließlich Magi – und von diesen Obersten heißt es: „Diesen Brüdern ist außer den göttlichen Kräften und Geheimnissen in der Natur nichts verborgen und sind vermöge dieser Kenntnisse, wie Moses, Aron, Hermes, Salomo und Hiram Abif Meister über alles."[50] Durch Hiram Abif und Salomon sind auch die Rosenkreuzer wieder an die Mythologie der Freimauer zurückgebunden, man kann sie als deren „wissenschaftlichen" Zweig betrachten. Forster erreichte den 6. Grad, er wurde „Adeptus major".[51] „Dieses ist die rechte fruchtbare Philosophie, die von Gott kömmt, von ihm selbst, wie wir von unseren weisen Meistern gehöret, dem Adam gelehret, durch mündliche Fortpflanzung von den Erzvätern auf Noa gelanget und durch seine Kinder und Enkel den Egyptiern, Phöniziern, Chaldäern, Ethiopiern, Indianern, ja selbst den Chinesen mitgeteilet worden und heutigen Tags bei den ächten hermetischen Weltweisen, welches da sind die gesegneten Mitglieder unserer geheiligten Verbrüderung, aufbehalten wird." Aus dieser „Neunten Freimäurerischen Versammlungsrede" des Barons von Ecker und Eckhoffen trug Forster bei den rosenkreuzerischen Sitzungen vor. Eine planetarische, universelle Lehre, die einer Geisteselite überantwortet ist, war für den Weltreisenden Forster natürlich anziehend. In Kassel übersetzte er Buffons „Epoques de la nature", ein Werk, das für seine eigene Entwicklung bedeutsam ist und das er mit den folgenden Worten charakterisierte: „Der Autor bemüht sich zu zeigen, daß sein System mit der heiligen Schrift im Einklang ist; diejenigen, die we-

49 Carl Schmitt, Der Leviathan in der Staatslehre des Thomas Hobbes. Sinn und Fehlschlag eines politischen Symbols. Hamburg 1938, S. 84 ff.

50 Steiner, S. 94

51 A. a. O., S. 95

niger günstig urteilen, nennen es einen naturgeschichtlichen Roman." Und eben „an Buffons Hand" in Kassel 1781 geschrieben ist das Manifest einer schwärmerischen Aufklärung: „Ein Blick in das Ganze der Natur". Die Schrift ist ein Lichthymnus in Prosa, wie es sich für einen Aufklärer und die Lichtmetaphorik der Zeit ziemt, sie ist ein Programmentwurf wissenschaftlicher Arbeiten, von der Kosmologie und Physik über Physiologie und Ernährungslehre bis zur „Chymie", die „dem Grundstoff eines jeden Dings nachzuspüren hat." Sie ist aber auch das Manifest einer Wissenschaftspolitik, indem die „Gemeinnützigkeit" der „echten Naturkunde" hervorgehoben wird, und es handelt sich schließlich um eine Annäherung der wissenschaftlichen an die hermetische Begriffswelt.

Am Ende von der Rosenkreuzerei enttäuscht, wandte sich Forster 1784 in Wien wieder den Maurern zu.[52] Mit den Illuminaten scheint er damals sympathisiert zu haben, Seidel führt einen Brief aus Wien an: „Auch hier (auch in Leipzig Nicolai) sagt man mir, daß die Einrichtung die vortrefflichste gewesen, um etwas Gutes auszurichten."[53] Aber einen positiven Beleg seiner Mitgliedschaft bei den Illuminaten gibt es nicht. Allerdings ist für die Mainzer Lesegesellschaft, die Forster bald frequentierte, eine illuminatische Unterwanderung durch neuere Untersuchungen nachgewiesen.[54] Der Mainzer Illuminat Böhmer war es auch, der dem anrückenden französischen General Custine im Spätherbst 1792 die Festungspläne verriet.

Mainz wurde zu Forsters Schicksal. Zwei Tage nach der Besetzung gründete er mit anderen die „Gesellschaft der Freiheit und Gleichheit", den örtlichen Jakobinerklub. Anfang 1793 gehörte er zu den führenden Männern der Mainzer Republik; er wurde Vizepräsident der „provisorischen Administration". Bei der Lektüre der jakobinischen Reden fällt auf, daß Forster seine in der Freimaurerei eingeübte Rhetorik nicht eigens umcodieren mußte. An die „Brüder" ergeht die Anrede hier wie dort; „Menschenlehrer"

52 A.a.O., S. 171

53 A.a.O., S. 187

54 Jörg Schweigard, Aufklärung und Revolutionsbegeisterung. Die katholischen Universitäten in Mainz, Heidelberg und Würzburg im Zeitalter der Französischen Revolution 1789–1792/93–1803. München und Ravensburg 2007, S. 76

sollen die Jakobiner sein wie zuvor die Maurer.[55] War die Maurerloge ein „Tempel der Tugend", so erscheint ihm nun der Jakobinerklub als ein „Freiheitstempel".

Aber Forster ging noch weiter. Das Gebiet etwa zwischen Landau und Bingen, das die Franzosen hielten, sollte sich, so war es Forsters Wunsch, vom Reich losmachen und der französischen Republik anschließen. „Schon seit Einsetzung der provisorischen Administration arbeitete Forster darauf hin, daß die Mainzer, der Empfehlung seiner Klubrede vom 15. November und dem Vorbild Savoyens folgend, einen formellen Antrag auf Eingliederung des linksrheinischen Gebiets in die französische Republik stellten, der nach seiner Annahme im Pariser Nationalkonvent zur Bildung eines ‚Département de Bouche du Main' führen würde."[56] Eine förmliche Petition wurde nach Paris geschickt. Man kann sich von den Unterzeichnern des Anschluß-Begehrens einen lebhaften Eindruck machen, wenn man liest, wie sie jeweils als Deputierte oder „deputé" unterzeichneten: „Jacob Albrecht debertirt Kalckoffen .... Petter Bohlander dibetirter von Heringen ... Philip Adam Becker dubd: von Oberlustatt ... Johannes Einger Wonrast dibent Reistal ... Friedrich Güllich debutidir von Gomesheim ... Jacob Looß tebetirter von obersaulheim ... Johannes Marx dibetirer von Schweißweil ... Gerg Henrich Otstatt von Waleine dübüdirder ... Michel Römer diebettirt von der Gemeinde Reiboltskirchen ... Georg Rubler diebaetierter von der gemeint Sct albon ... Philip Streiff tebiter v. Kleinbockenheim ... Friedrich Wittig von Neuen Hemsbach Depondierter."[57]

Die Bürger der Republik hatten einen Treueid auf die neue Verfassung zu schwören. Wer ihn verweigerte, wurde enteignet und des Landes verwiesen. Man sprach von „Exportation" und „den Exportierten". Forster, der die Politik stets in Analogien zur körperlichen Vorgängen der Krankheit, der Krisis und der Gesundheit dachte, schrieb damals in einem Brief: „Morgen wird unsre Stadt aufs neue von ein paar hundert Menschen gereinigt werden, denen es unmöglich scheint, von dem ehemaligen Fürsten sich trennen zu können. Sie fahren mit ihren Effekten in mehreren Schiffen von hier nach Budenheim, von wo man sie mit

55 Forster, Philosophische Schriften, S. 186 f.

56 Ludwig Uhlig, Georg Forster. Lebensabenteuer eines gelehrten Weltbürgers. 1754–1794. Göttingen 2004, S. 311

57 Zitiert nach: Ulrich Enzensberger, S. 254 f.

feindlichen Fahrzeugen auf die andere Seite abholen wird."[58] Die Menschen wurden aus ihren Wohnungen geholt, eine Viertelstunde blieb ihnen zum Abschied und zum Packen. Daß Forster von der „Reinigung" spricht, ist das notwendige zynische Gegenstück zum humanitären Schwulst seiner Freimaurerrede. Als man renitente Bürger abkommandierte, unter feindlichem Beschuß Holz für die Befestigungen zu fällen, meinte Forster nur, solche müsse man „als faules Fleisch absondern".[59] Über Forster wurde die Reichsacht verhängt.

Auch in Paris, wohin er nun als Abgesandter der Mainzer reiste, hatte er kein Glück. Als der Anschluß endlich Gesetz werden sollte, hatte sich Custine schon wieder zurückziehen müssen. Und als ihm Therese im Sommer 1793 ihren Entschluß mitteilt, sich scheiden zu lassen, antwortet er verzweifelt: „Alles ist zerrüttet, alles hin." Kurz darauf ahnt er, nach einem politisch riskanten Wiedersehen mit Therese, die „fürchterlichste Zerrüttung von ganz Europa" voraus. Als Charlotte Corday hingerichtet ist, hält er ihr zugute, sie habe in ihrer Begeisterung die „innere Zerrüttung" der Freiheit erkannt. Er, der seine Jugend auf den Wellen des Pazifiks zugebracht hatte, entwirft nun ein pessimistisches Gegenbild zu den historischen Schauspielen des Himmels. „Die Unermeßlichkeit des Meeres ergreift den Schauenden finstrer und tiefer, als die des gestirnten Himmels ... Nirgends ist die Natur furchtbarer, als hier in der unerbittlichen Strenge ihrer Gesetze; nirgends fühlt man anschaulicher, daß gegen die gesammte Gattung gehalten, das Einzelne nur die Welle ist, die aus dem Nichtseyn durch einen Punkt des abgesonderten Daseyns wieder in das Nichtseyn übergeht, indess das Ganze in unwandelbarer Einheit sich fortwälzt."

Dies ist die Wahrheit des Republikanismus, die der späte Forster im Paris der Schreckensherrschaft begreift, als sein Fatalismus gegen den Enthusiasmus an Gewicht zunimmt und die Gemeinschaft der freien Menschen, das Lichtideal der Aufklärung, in das Bild eines Glühwürmchenschwarms umschlägt: „Befragen Sie einmal einen unserer Republikaner, ob das Heil seiner Republik an Robespierre'ns, an Dantons, an Pache'ns, Héberts, oder irgend eines anderen Patrioten Leben hängt? Er wird ihnen antworten,

58 Zitiert nach: Karl Klein, Geschichte von Mainz während der ersten französischen Occupation 1792–1793. Mainz 1861, S. 437

59 A.a.O., S. 431

daß er von keines Menschen Nahmen etwas weiß, wo von dem Volk und Staat die Rede ist. So verschwinden die einzelnen Käferchen vor dem Auge des Beobachters; ihr Licht gilt nur in der Masse, wo es sich mit 24 Millionen multiplicirt." Vom Verschwinden ist in seinen letzten Briefen wie von nichts anderem die Rede. „Wie ich heute einsam im Palais Royal auf und ab ging, kamen mir unwillkürlich die Thränen in die Augen, daß ich ... in der unendlich großen Stadt keinen Menschen hätte, ... dem es nicht völlig gleichgültig wäre, wenn ich morgen verschwände!" Eine Geschichtsphilosophie der Revolutionen mußte als ihren Schatten ein neues Empfinden der Vergänglichkeit hervorrufen. Hier liegt der Grund für die Poesie von Forsters kräftiger Prosa. „Man erinnert sich", schreibt er in einem Essay, in dem man ein Selbstbildnis des Mannes zu lesen glaubt, der mit neununddreißig Jahren starb, „an jene prachtvollen Blumen, deren Fülle und Zärtlichkeit alles übertrifft, die in einer Stunde der Nacht am Stengel der Fackeldistel prangen und noch vor Sonnenaufgang verwelken. Dem so zart hingehauchten Leben konnte die Natur keine Dauer geben."[60]

Ein Gegenstück zu diesem deutschen Maurer und Rosenkreuzer, der zum Jakobiner wurde, finden wir in Junius Frey, 1753 geboren als Mosheh Dobruschka, ein Jahr älter als Forster.[61] Hören wir zunächst die Darstellung dieses abenteuerlichen Menschen, eines Neffen des messianisch inspirierten jüdischen Häretikers Jacob Frank, durch Gershom Scholem, der ihn in die Geschichte des „Ausbrennens" des messianischen Feuers der Sekte Sabbatai Zwis und die Verwandlung des Messianismus in die „nüchterne Lehre des Fortschritts" im achtzehnten Jahrhundert stellt: „Als aktiver Frankist trat Moses Dobruschka 1775 zur katholischen Kirche über und war, bald geadelt, als Thomas von Schönfeld ein Wortführer der josephischen Aufklärung in Österreich, zugleich aber Mitbegründer eines Freimaurer-Ordens theosophisch-kabbalistischer Tendenz, der ‚Asiatischen Brüder', in deren Ordensschriften sabbatianische Manuskripte benutzt sind. Nach dem Ausbruch der französischen Revolution ging er aber nach Straßburg und wurde einer der führenden Jakobiner dort. Zugleich blieb er immer noch in Verbindung mit seiner Gruppe,

60 Forster, Philosophische Schriften, S. 138

61 Ulrich Wyrwa, Juden in der Toskana und in Preußen im Vergleich. Tübingen 2003, S. 153

und es hieß eine zeitlang sogar, daß er nach dem Tode Franks die Führung der Sekte übernehmen sollte. 1793 publizierte er eine jakobinische ‚Philosophie sociale, dediée au peuple français'. Im April 1794 bestieg er mit vierzig Jahren, zusammen mit Danton, das Schaffott – unter dem Namen Junius Frey."[62] An dieser Darstellung ist alles richtig – nur legt sie den Schluß nahe, daß Frey als dantonistischer Idealist der Guillotine zum Opfer fiel. Das Gegenteil ist richtig, wie wir gleich sehen werden.

Frank kam von Sabbatai Zwi her. Wie dieser am Ende seiner messianischen Laufbahn zum Islam übergetreten war und in der Türkei eine Sekte der Dönme hinterlassen hatte, die, formell muslimisch, jüdisches Glaubensleben praktizierte, so wollte auch Frank den Weg in die „Religion Edoms" gehen, also in den Katholizismus – aber nicht als echte Konversion, sondern als eigentliche Erfüllung des kabbalistischen Versprechens. „Dieser ‚Weg zu Esau' oder Edom ist es nun", schreibt Scholem, „der nach Jakob Frank das entscheidende Stück der Erlösung bildet, ein Weg, den er selber, als der ‚wahre Jakob', seinen Gläubigen zeigt. Nach außen mag dieser Weg als Konversion zum Katholizismus, als der Weg zur Taufe verstanden werden; in Wirklichkeit ist dies aber nur ein Schleier, der den eigentlichen Sinn verhüllt. Denn der ‚Weg zu Esau' ist der Weg zum realen, anarchischen Leben, in dem alle Gesetze und Religionen überwunden werden und verschwinden. Die Aufhebung aller Gesetze und Normen ist die Vision der nihilistischen Erlösung."[63] An anderer Stelle hat Scholem die destruktiven Energien Franks mit denen von Bakunin verglichen. Diese Gedankenwelt mag auch hinter Dobruschkas Konversion 1775

Maurerisches Zierwappen

62 Gershom Scholem, Die Metamorphose des häretischen Messianismus der Sabbatianer im religiösen Nihilismus im 18. Jahrhundert. In: ders., Judaica 3, Frankfurt am Main 1970, S. 212

63 A.a.O., S. 207

gestanden haben, der sich fortan, von Joseph II. in den Adelsstand erhoben, Thomas Edler von Schönfeld nannte.

Noch unter dem Namen Moses Dobruska trat er in den siebziger Jahren mit Dichtungen hervor, man hat von ihm „Die zwo Amaryllen, ein Schäferspiel in einem Aufzuge", das 1774 in Prag erschien, ein zweites Schäferspiel mit dem Titel „Telimon und Thyrse", gleichfalls 1774 erschienen, und schließlich, nach der Konversion, „Das weisse Loos, eyn Schauspiel in zwei Aufzügen. Aufgeführt im Kaiserl. Königl. Nationaltheater". Ich habe das Stück nicht eingesehen – immerhin kann man vermuten, daß sich sein Titel auf die Offenbarung des Johannes 2, 15f. und auf den Namenswechsel von Dobruschka zu Schönfeld bezieht: „Wer siegt, dem werde ich von dem verborgenen Manna geben und einen weißen Stein" – nach älteren Übersetzungen und auch bei Herder „ein weißes Loos" – „werde ich ihm geben. Und auf dem Stein ist ein *neuer Name* geschrieben, den niemand kennt als der Empfänger".

Was nun die eigentümliche Form der Freimaurerei angeht, die Schönfeld mitbegründete und wesentlich bestimmte, so handelte es sich um die 1781 gegründeten „Asiatischen Brüder", eigentlich „Brüder St. Johannes des Evangelisten aus Asien in Europa", die vor allem in Österreich große Verbreitung fanden. „In Ritualen und Glaubensvorstellungen der Asiatischen Brüder vermischten sich christliche und jüdische, kabbalistische, frankistische und theosophische Grundsätze, Lehren, Namen und Symbole. Neben christlichen wurden zum Beispiel auch jüdische Feiertage begangen, die christlichen Brüder bekamen bei der Aufnahme in den Orden jüdische Ordensnamen."[64] Eine Besonderheit der „Asiatischen Brüder" war die freie und gleichberechtigte Aufnahme jüdischer Logenmitglieder, der „uralten echten Brüder aus Asien", die schon in der Satzung festgehalten worden war, was in der deutschen Maurerei für heftige Debatten sorgte und in Europa in dieser Ausdrücklichkeit überhaupt erstmalig war. Gegenüber der Lehre der Rosenkreuzer trat das christliche Element zugunsten

---

64 Christoph Schulte, Die jüdische Aufklärung. München 2002, S. 136. „Wie d'Zeitung sagt, so führn die Ordensbrüderl alle ein jüdischen Namen, und weil s'ihren christlichen Namen verläugnen, so können s'unmöglich was Guts in Schild führn", hieß es noch Jahre später in den „Briefen des jungen Eipeldauers an seinen Herrn Vettern in Kakran". Wien 1803, S. 25. Joseph Richter, der Verfasser, gehörte gleichfalls zur josephinischen Aufklärung.

des jüdisch-kabbalistischen in den Hintergrund. Die „Instruktionen", schrieb später der gelehrte Franz Josef Molitor, seien „aus der Cabbala entlehnt" worden.[65] Gershom Scholem hat angemerkt, daß das Hexagramm, der sechseckige Stern, sich häufig in den Ordensschriften findet.[66] Die Gründer des Ordens, die Brüder von Ecker und Eckhoffen, waren allerdings des Hebräischen nicht mächtig und hatten keine authentischen Kenntnisse der Kabbala. Hier griff nun Thomas von Schönfeld ein. Er wurde zum „offizellen Ideologen" der Bruderschaft und entwarf ihre Regeln.[67] McCagg sieht schon in dieser Epoche ein politisches Ziel in der Maurerei der „Asiatischen Brüder", Dobruschka habe über die Loge Einfluß in hohen politischen Kreisen gesucht und an einen radikalen Gesellschaftsumbau gedacht.[68]

Das System der „Asiatischen Brüder" hatte fünf Grade: Ritter Novice vom dritten, fünften und siebenten Jahre, Levite und Priester. Im stets phantastischen maurerischen Wesen nahm diese Organisation eine besondere Stellung ein, sie beanspruchte eine höhere Weisheit als die üblichen Logen zu besitzen, über Kontakte zu ottomanischen Brüdern zu verfügen, ja sogar zu einem verlorenen Stamm des Volkes Israel.[69] Auch hier ging es, wie stets bei den Hochgraden, um Autoritätsgewinn durch prätendiertes Alter und Weisheit. Aber der Übergang von dieser, einer der seltsamsten Formen der Maurerei, zum Jakobinismus, ist keine Zufälligkeit, wie wiederum Scholem anmerkt, der in diesem Fall sehr nah an die These von Carl Schmitt herankommt: „Die Geschichte dieser Bewegungen gehört ins geistige Vorfeld der französischen Revolution eben so sehr wie die des Fortlebens mystischer, theoso-

65 Molitor war das Bindeglied zwischen den „Asiatischen Brüdern" und der Frankfurter Loge *Zur aufgehenden Morgenröte*, eigentlich *Loge à l'Aurore naissante*, der auch Börne angehörte. Vgl. Wyrwa, Juden in der Toskana und in Preußen, S. 72

66 Gershom Scholem, Alchimie und Kabbala. In: Judaica 4. Frankfurt am Main 1984, S. 125

67 „He was left as official ideologist of the Asiatic lodge, and was made responsible for drawing up its statutes". William O. McCagg, A History of Habsburg Jews, 1670–1918. Indiana University Press 1992, S. 40

68 „Clear only is the fact that Dobruschka-Schönfeld was now highly political, combining his crypto-Jewishness with broadly conspirational efforts to gain influence in high places, advancing even to the steps of the throne, aspiring to change society radically through manipulation from behind the scenes." a.a.O., S. 40

69 A.a.O. S. 40

phischer und okkultistischer Gedanken auch in der Aufklärungszeit.“[70] Man wird als implizites Programm der „Asiatischen Brüder“ die Emanzipation des Judentums betrachten können. Diese Emanzipation aber bedurfte der geschlossenen Loge und ihres Geheimnisses nicht mehr, als sie nach 1789 in Frankreich Gesetz wurde. Insofern ist der Weg von Moses Dobruschka zu Junius Frey von großer Konsequenz.

Kaiser Joseph II. erließ indes ein „Freimaurerpatent“, das dem Höhenflug der „Asiatischen Brüder“ ein Ende setzte. Sein Erlaß vom Dezember 1785 gab erstmals eine Legalisierung, zugleich aber eine Beschränkung der Logentätigkeit. Sie durften sich nur an den Sitzen der Landesregierungen betätigen, in jeder dieser Städte nur eine Haupt- und zwei Tochterlogen öffnen, die Namen der Leiter wie der Mitglieder waren vierteljährlich der Landesstelle vorzulegen, Tag und Stunde der Logenversammlungen im voraus den Behörden zu melden.[71] Damit war die Geschichte der „Asiatischen Brüder“ in Österreich zu Ende, sie wichen nach Norddeutschland aus. Der Nähe Thomas von Schönfelds zum Kaiser tat dies allerdings keine Einbuße.

Doch nun zu seiner Rolle als „Wortführer der josephinischen Aufklärung“, wie Scholem schreibt. Von seinem „ansehnlichem Vermögen“[72] hört man zumeist, daß er es als Heereslieferant Josephs II. erwarb. Auch das ist nicht falsch, und dennoch nicht die ganze Wahrheit. Tatsächlich hatte er sich an den Klosteraufhebungen Josephs II. bereichert. Seine Mutter, die nicht zum katholischen Glauben konvertiert war, nannte sich nun Katharina Dobruschka (nach dem Dekret Josephs II., daß Juden deutsche Vornamen anzunehmen hätten); in zeitgenössischen Quellen erscheint sie als „Dobruska“, ihr ursprünglicher Name war Schendel.[73] Sie gründete eine Handelsgesellschaft, an der Thomas von

70 Gershom Scholem, Ein verschollener jüdischer Mystiker der Aufklärungszeit: E. J. Hirschfeld. In: The Leo Baeck Institute Yearbook 1962, S. 247

71 Vgl. Denis Silagi, Jakobiner in der Habsburger-Monarchie. Ein Beitrag zur Geschichte des aufgeklärten Absolutismus in Österreich. Wien und München 1962, S. 47 f.

72 Vgl. Juden in Deutschland. Lebenswelten und Einzelschicksale. Hrsg. von Reinhard Schneider, Röhrig Universitätsverlag 1994, S. 193

73 „Schendel Dobruschka, die bekannte Spekulantin“ heißt sie im Jahrbuch der Gesellschaft für Geschichte der Juden in der čechoslovakischen Republik. Jg. VI, 1934. Hrsg. von Samuel Steinherz, S. 283, eine andere Schreibweise ist „Schöndl“ oder „Schöndel“.

Schönfeld beteiligt war. Diese „Dobruska-Compagnie“ hatte das Monopol an der Verwertung der durch Joseph II. enteigneten Kloster- und Kirchenschätze erworben.[74] Ein Schätzmeister hatte dabei zunächst den Wert der Gegenstände festzustellen. „Am 1. März 1788 wurde der Vertrag zwischen dem neuen „Religionsfonds“ und der Dobruska-Comgagnie unterzeichnet“.[75] Heilige Geräte wurden zerbrochen, Edelsteine herausgelöst. „Aller Schmuck, Edelsteine, Perlen und Pretiosen jeder Art, die bei Klosteraufhebungen vorgefunden wurden, mußten nun zum Schätzwert dieser Handelskompagnie überlassen werden“, schreibt Gerhard Winner.[76] Nur rund ein Drittel der Klöster blieb in dieser Kulturrevolution überhaupt erhalten. „Die besseren Paramente und Pretiosen schickte man sogleich an die Dobruska-Kompanie in Wien ab, die 1788 durch den Kaiser das ausschließliche Recht auf alle den Kirchen und Klöstern weggenommenen und wegzunehmenden Pretiosen, erworben hatte.“[77] Thomas von Schönfeld war nicht nur ein Aufklärer, er hatte sich im josephinischen Österreich der angewandten Aufklärung zugewandt.

Der dritte Schritt – nach der Freimaurerei und dem Klostersturm – folgte 1792 mit dem Übergang zum Jakobinismus. Mit einem seiner Brüder und seiner Schwester Leopoldine, aber unter Zurücklassung seiner Frau in Wien, reiste Thomas von Schönfeld nach Frankreich ein und nannte sich fortan Lucius Junius Brutus Frey – ein Programmname nach dem Gründer der römischen Republik, der den König Tarquinius Superbus vertrieben hatte, und nach der von den Brüdern erhofften republikanischen Freiheit. Für praktische Zwecke hieß er kurz „Junius Frey“. Die Frey kamen zunächst nach Straßburg und gaben sich dort als mittellose politische Emigranten aus. Im Klub der Straßburger Jakobiner trafen sie François Chabot, einen entlaufenen Kapuziner und Gegner der Gironde, Mitglied des Konvents, dessen Bekanntschaft

---

74 Vgl. Rudolf Hittmair, Der josephinische Klostersturm im Land ob der Ems. Freiburg im Breisgau 1907, S. 352: „Das ausschließliche Recht auf alle den Kirchen und Klöstern wegzunehmenden Preziosen und Effekten erwarb die Dobruska-Kompagnie.“

75 Karl Gutkas, Kaiser Joseph II. Eine Biographie. Wien 1989, Seite 332. Nach anderen Angaben wurde der Vertrag am 1. Mai 1788 geschlossen.

76 Die Klosteraufhebungen in Niederösterreich und Wien. Wien und München 1967, S. 96. Nach Gerson Wolf, Josefina, Wien 1890, S. 71, bot die Compagnie zehn Prozent über dem Schätzwert.

77 Analecta Cisterciensa, Heft 29–30, 1974, S. 128

dann zu ihrem Verhängnis werden sollte. In Paris galten sie dennoch bald als wichtige Finanziers;[78] zeitgenössische Dokumente nennen sie schlicht „banquiers". Sie investierten ihr Geld unter anderem in Kaperschiffe, also in das legale, damals von allen kriegführenden Staaten gedeckte Freibeutertum, das der Störung des feindlichen Handels diente, wobei sie auf Chabots politische Unterstützung unter den Jakobinern zählen konnten.[79] Daneben spekulierten sie im Weizenhandel, betätigten sich als Geldverleiher und wiederum in dem Geschäftszweig, in dem sie eine gewisse Erfahrung hatten: Im Ankauf von staatlich konfisziertem Eigentum.[80] Es war ihr Geschäftsgebaren, das zu ihrem Ende führte, nicht politische Opposition. Sie verbanden sich auch in Paris mit Chabot. An den dubiosen Mann verheirateten sie ihre Schwester, geboren unter dem Namen Esther, die eine Mitgift von 200 000 livres erhielt; möglicherweise war auch dies schon ein Geldwäschegeschäft, mit dem Chabot andere Einkünfte verschleiern wollte.

Im Oktober 1793 hatte die Affäre um die Französische Ostindische Kompanie begonnen. Im November 1793 kamen die ersten Festnahmen. Chabot wurde von Mitgliedern des Konvents beschuldigt, die Bücher der Kompanie verfälscht und Deputierten Bestechungsgelder angeboten zu haben. Chabot seinerseits erklärte, er habe eine Verschwörergruppe nur infiltrieren wollen. Es spielte eine Rolle, daß im nun sehr xenophoben Paris Chabot mit der „autrichienne" Leopoldine seit kurzem verheiratet war – und die erwähnte Höhe der Mitgift, die die Frey gestellt hatten.[81] Frühere Kontakte Thomas von Schönfelds zum Kaiserhaus – noch 1791 hatte er Leopold II. begleitet und gehörte zu dessen Konfi-

78 Zosa Szajkowsk, Jews and the French Revolutions of 1789, 1830 and 1848. New York 1970, S. 569

79 „Chabot had undertaken the defense, in the Jacobin club, of certain privateering enterprises in which Frey had invested some money". G. Lenotre, A Gascon Royalist in Revolutionary Paris. 1910. S. 39

80 Vgl. Meade Minnigerode, Marie Antoinette's Henchman – The Career of Jean, Baron de Batz, in the French Revolution. Dodo Press Reprint 2007, S. 78: „They had reached Paris just before August 10, just in time to get in with Foreign Minister Lebrun whom they sought to advise, to acquire shares in French privateers, to purchase confiscated properties, to speculate in wheat and collect interest in loans."

81 Leon Kahn, Les Juifs de Paris Pendant la Revolution. Paris 1898, S. 254

WIR FREUEN UNS ÜBER IHR INTERESSE AN UNSERER VERLAGSARBEIT UND BITTEN SIE, DIESE KARTE AUSGEFÜLLT AN UNS EINZUSENDEN. WIR WERDEN IHNEN LAUFEND PROSPEKTE ZUGEHEN LASSEN.

IHR

KAROLINGER VERLAG

NAME VORNAME

BERUF

WOHNORT (POSTLEITZAHL)

STRASSE

DIESE KARTE ENTNAHM ICH DEM BUCH

DATUM

denten, noch 1790 hatte Schönfeld ein Herrscherlob ausgebracht: Seine sechzehnseitige Oktav-Broschüre „Herrscher-Einzug Leopold II. In Wien“ war unter dem Namen Franz Thomas von Schönfeld in Wien erschienen, und er war mit dem Kaiser in Pillnitz gewesen, als am 27. August 1791 dieser zusammen mit König Friedrich Wilhelm II. und im Beisein der Häupter der französischen Emigration seine Unterstützung der französischen Monarchie bekundete – steigerten den Verdacht gegen ihn. Einer der Vorwürfe lautete, Chabot habe mit den Brüdern Frey zu dem Zweck konspiriert, Dekrete des Konvents dergestalt zu beeinflussen, daß Junius und Emmanuel Frey vorteilhaft in den Aktien der Ostindischen Kompanie spekulieren könnten.[82] Nach der Darstellung des allerdings parteilichen, nämlich offen robespierristischen Historikers Albert Mathiez, der eine Untersuchung des Revolutionstribunals anführt, hatten die Brüder Frey in Deutschland hohe Schulden hinterlassen.[83] Frey war 1794 also nicht wegen Opposition angeklagt, sondern wegen Bestechung und Bestechungsversuchs an Mitgliedern des Konvents – und es war ein propagandistischer Kunstgriff der Anklage, die Dantonisten und die wegen Wirtschaftsvergehen Beschuldigten Chabot und Frey im gleichen Verfahren zu verurteilen. Die politischen Angeklagten durchschauten, was damit geplant war – nämlich sie in die Nachbarschaft von Kriminellen zu rücken – und protestierten gegen den gemeinsamen Prozeß mit einem „Spitzbuben“ (fripon), womit Chabot gemeint, aber dessen Finanzier Frey wohl eingeschlossen war.

Die abschließende, banale, für den Volksgebrauch bestimmte, alles Wesentliche verschweigende Formel hat Jürgen Habermas gefunden, und sie ist es, die seitdem durch die Literatur geistert: „Der Nihilismus eines Jakob Frank scheint die jüdische Mystik auf einen Punkt zu treiben, wo die religiöse Hülle von innen aufgesprengt wird, so daß sich die tieferen Impulse mit den neuen Ideen der französischen Revolution verbinden können.“[84]

82 Jan ten Brink, Robespierre and the Red Terror. Boston 2004 (zuerst 1899), S. 274

83 Albert Mathiez, Un procès de corruption sous la Terreur: l'affaire de la Compagnie des Indes. Paris 1920, S. 169

84 Jürgen Habermas, Philosophisch-Politische Profile. Frankfurt am Main 1984, S. 389

Frühkommunismus als „Maurerei in der Maurerei“: Filippo Buonarroti. Mit einem Exkurs zum Misraim-Ritus

Gracchus Babeuf, 1760 geboren, hingerichtet 1797, trug schon in seinem angenommenen, programmatischen Vornamen den Beruf des Tribunen der armen Klassen. Er gründete die „Gesellschaft der Gleichen“, den Sammelpunkt all jener, die sich mit der Auskühlung der revolutionären Energien nach dem Thermidor nicht abfinden wollten und sich teils auf die Verfassung des Jahres 1793 beriefen, teils aber die Revolution in eine kommunistisch-sozialistische Richtung weitertreiben wollten. Sie waren es, die das Gleichheitspostulat der Republik zur äußersten Konsequenz brachten, durchaus gegen das Prinzip der Freiheit. Denn lösbar war die Neuordnung des Eigentums nur mit der Diktatur. Babeufs Schüler, Mitverschwörer, später Prophet und Historiograph war Filippo Buonarroti, geboren am 11. November 1761 in Pisa, gestorben am 16. September 1836 in Paris.

Seit dem epochalen Aufsatz von Arthur Lehning – „Buonarroti and his international secret societies“[85] – erscheint die Geschichte des Frühkomunismus der ersten Hälfte des neunzehnten Jahrhunderts in einem neuen Licht, nämlich als eine Geschichte von geheimen Gesellschaften, die mit der Freimaurerei zwar nicht identisch, aber aufs Engste verzahnt waren. Lakonisch bemerkte Lehning über seine späten Entdeckungen, die politische Geschichtsschreibung habe sich eben für den Untergrund und die Unterströmungen historischer Prozesse nie besonders interessiert.[86] Nach seinen Untersuchungen nahm er an, daß Buonarroti nach Abschluß seiner juristischen Studien schon in Pisa zu den Freimaurern stieß; Motive waren der Antiklerikalismus und die Sympathie für die französische Revolution.[87]

---

85 Arthur Lehning, Buonarroti and his international secret societies. In: International Review of Social History, Jg. 1956, Heft 1, S. 112–140

86 A. a. O., „Political history never showed much interest in the undercurrent and ‚underground‘ development of history.“ S. 115

87 A. a. O., S. 113

Wie für Babeuf war für Buonarroti die jakobinische Diktatur das Modell der kommunistischen Gesellschaft. In seiner Schrift „Das Gleichheitssystem" geht er von Rousseau aus: „Rousseau verkündete die von der menschlichen Natur untrennbaren Rechte; unterschiedslos trat er für alle Menschen ein. Diese Gesellschaftsordnung, die jede Tätigkeit und jedes Eigentum dem Volkswillen unterordnet, war von jeher Ziel der geheimen Wünsche der wahrhaft Weisen und fand in allen Jahrhunderten berühmte Verteidiger."[88] Minos, Platon, Lykurg „und der Gesetzgeber der Christen" werden als solche Lehrer verfassungspolitischer Weisheit namhaft gemacht. Von den Ökonomen kommt die Ordnung des Egoismus oder der Aristokratie, von Rousseau die Ordnung der Gleichheit. Nach dieser Unterscheidung teilten sich die Fraktionen in der Revolution, die „verderbten Herzen" und „irregeleiteten Geister" verschrieben sich der Ordnung des Egoismus, „während die von Redlichen geleiteten lauteren Herzen unbeirrt dabei blieben, sich für den vollständigen Sieg der Ordnung der Gleichheit einzusetzen."[89]

Nach der Enttarnung und Verurteilung Babeufs war Buonarroti ein vergleichsweise glückliches Los zugefallen. Er kam in Haft und wurde dann mit der Verbannung belegt, die angewiesenen Orte waren Sospel, Genf und dann Grenoble. In Genf gründete Buonarroti 1806 die Loge der *Amis sincères* und wurde deren Stuhlmeister. 1809 folgte die „Società dei Sublimi Maestri Perfetti".[90] Und hier gelang es ihm, zum „größten Verschwörer des Jahrhunderts" zu werden, wie Bakunin bewundernd feststellte. Aus dem Zeugnis von Joachim (Gioachino) Paul de Prati geht hervor, daß es, nach seinen Worten, eine geheime „Maurerei innerhalb der Maurerei" war, unbekannt selbst den Großmeistern und ihren Stellvertretern, in die Prati in Mailand 1810 initiiert wurde.[91] Diese Gesellschaft war eine Sektion des „Grand Firmament" der „Philadelphes", dem nach Lehning Buonarroti seit 1803

88 Zitiert nach: Joachim Höppner und Waltraud Seidel-Höppner, Von Babeuf bis Blanqui. Französischer Sozialismus und Kommunismus vor Marx. Band II: Texte. Leipzig 1975, S. 86f.

89 A.a.O., S. 87

90 Vgl. Secret et République 1795–1840. Hrsg von Bernard Gainot und Pierre Serna. Clermont-Ferrand 2004, S. 85

91 Zitiert nach Lehning, S. 118: „A masonry in a masonry, unknown to the very grand-masters and deputy-grand-masters".

Filippo Buonarroti

angehörte.[92] Um Mitglied des „Grand Firmament" zu werden, mußte man gleichzeitig Freimaurer sein. Nach einem Brief Pratis an Buonarroti vom 8. Oktober 1831, der mit drei Punkten unterzeichnet ist, kann auch an der Logenmitgliedschaft Pratis kein Zweifel sein.[93]

Das Organisationskonzept einer kommunistischen Maurerei *in* der Maurerei erinnerte Lehning so sehr an die Illuminaten des Adam Weishaupt, daß er eine Mitgliedschaft Buonarrotis in der florentinischen Illuminatenloge gleichsam konjizierte. Dagegen hat Elisabeth L. Eisenstadt begründete Zweifel erhoben.[94] Die ineinandergeschachtelte Folge von Buonarrotis Geheimgesellschaften ist, wie später bei Bakunin, nur schwer zu überschauen. Sicher aber ist, daß die Freimaurer den äußeren Kreis bildeten. Nach einem internen Dekret des Jahres 1819 mußten zudem die „Diakone" (diacres) des Grand Firmament mindestens den 18. Grad des „Alten und angenommenen Schottischen Ritus" erreicht haben, den des „Ritters Rosenkreuz".[95] Die Pointe Buonarrotis war schlicht und genial: Die höheren Grade seiner eigenen Gesellschaft, der politischen, sollten zugleich Hochgradfreimaurer sein. Die beiden Organisati-

---

92 A. a. O., S. 118

93 „Tuo affmo amico e f. ∴ Gioachino Prati". Zitiert nach: Armando Saitta, Filippo Buonarroti. Contributi alla storia della sua vita e del suo pensiero. Roma 1951, S. 181

94 Elisabeth L. Eisenstadt, The first professional revolutionist: Filippo Michelangelo Buonarroti (1761–1837). Cambridge/Mass. 1959

95 „se feront initier aux mystères de Rosecroix", zitiert nach Lehning, Buonarroti, S. 122

Filippo Buonarotti in den dreißiger Jahren. Gemälde von P. A. Jeanron

onsformen waren nicht identisch, aber sie sollten möglichst genau ineinander greifen.

Nach Graden geordnet war auch Buonarrotis eigene Geheimgesellschaft. Unterschieden waren sie nach der jeweiligen Einweihungsstufe in die sozialen Doktrinen. Im ersten „Credo" war ein vage deistisches Bekenntnis verlangt: Gott werde allein durch Nächstenliebe angemessen verehrt und jeder weitergehende Kultus sei eine Dummheit.[96] Politisch beschränkte sich dieser Grad auf die Forderung des allgemeinen Wahlrechts. Im zweiten Grad, dem der entschlosseneren Demokraten, folgte die Initiation in die Idee der Republik, der „wahren Freiheit". Kein Mittel, das zu diesem Ziel führe, könne verbrecherisch sein. Und schon hier wird ein „mäßiges Einkommen" der Bürger als Charakterzug der Republik genannt, den dritten Grad präludierend. Denn nun erst enthüllt sich dem Eingeweihten das innerste, geheime, kommunistische Programm der Gesellschaft. „Laßt uns die Grenzen des pri-

96 „Credo Deum sola charitate colendum, praeter quam quidquid cogitaveris stultitia." a.a.O., S. 123

vaten Eigentums niederreißen, laßt uns aus den Trümmern des privaten Landbesitzes ein gesellschaftliches Eigentum schaffen. Laßt uns die Republik zur einzigen Eigentümerin machen: wie eine Mutter wird sie jedem ihrer Mitglieder gleiche Erziehung, Nahrung und Arbeit zuteilen."[97] Die Eingeweihten des dritten Grades bildeten den „Areopag"; die Bezeichnung stammte aus den Statuten Weishaupts; die niederen Grade waren „Kirche" und „Synode". Im Grand Orient konnte man während des Empire diese Lehren nicht unverhüllt zur Sprache bringen, denn die Großloge stand, wie erwähnt, unter napoleonischem Einfluß; man ahnte bei den dortigen Oberen zwar den republikanischen Geist mancher Logen, war aber nur um so wachsamer.

In diesem Zusammenhang muß von Charles Teste gesprochen werden, dem engsten Mitarbeiter und Korrespondenten Buonarrotis – wie auch der Führer der Charbonnerie. Wir können über die Charbonnerie oder die Carbonari, deren nicht unkomplizierte Beziehungen zur Freimaurei wie zu Buonarroti für die Darstellung ein eigenes Buch erfordern würden, hier nur den Hinweis von Louis Blanc geben: Die Carbonari seien „bloß als der kriegführende Theil der Freimaurerei, als eine Christus, dem Patrioten *par excellence*, ergebene Armee" zu betrachten.[98] Charles Teste jedenfalls bekleidete zugleich den höchsten Grad im „Misraim"-Ritus, den neunzigsten.

Exkurs zum Misraim-Ritus

Diese Geheimgesellschaft war eine der bizarrsten in der an Scharlatanen wahrlich nicht armen Geschichte der Freimaurerei. Es handelte sich um den sogenannten ägyptischen Ritus, der seit 1814 in Frankreich nachweisbar ist und wohl um 1804 in Mailand ins Leben gerufen worden war. Der schottische mit seinen 33 Hochgraden wurde hier noch übertroffen. „Misraim" ist der hebräische Name für Ägypten, die Selbstbezeichnung des Ordens knüpfte an die Ägyptenbegeisterung des späten achtzehnten Jahrhunderts an. Aber ebenso

97 „Let us break down the marks of private property; let us create with the ruins of the private land a social property. Let the Republic be the sole proprietor: like a mother it will afford to each of its members equal education, food and labour." a.a.O., S. 124

98 Louis Blanc, Geschichte der zehn Jahre 1830–1840, Leipzig 1847, S. 177

berief man sich auf die hebräische Tradition. Die neunzig Grade waren in vier Gruppen geteilt: Auf die „symbolischen" Grade (1 bis 33) folgten die „philosophischen" (34 bis 66), dann die „mystischen" (67 bis 77) und schließlich die „kabbalistischen".[99] *Auffallend ist das Hebraistische in einzelnen Titeln: der 71. Grad gab den Titel des „Souveränen Prinzen der Talmudim", der 75. prunkte als „Souveräner Prinz der Chassidim". Nach dem 67. Grad, also mit dem Eintritt in die „mystische" Stufe, sei, so schreibt Emmanuel Rebold, nur noch von biblischen Sujets die Rede, „c'est de l'israélisme tout pur, et l'on peut avec plus de raison l'appeler ‚rite judaique' que ‚rite égyptien'".*[100] *Suggeriert wurde, ähnlich wie bei den Asiatischen Brüdern und den Martinisten, eine hebräische und kabbalistische Tradition, die zugleich die ägyptische Weisheit in sich aufgenommen habe. Maßgeblich waren die drei Brüder Bédarride, Marc, Michel und Joseph, südfranzösische Juden, die der französischen Armee in Italien angehört hatten.*[101] *Marc Bédarride hat 1845 eine späte Rechtfertigungsschrift des Ordens verfaßt, in der er dessen Geschichte auf die Erschaffung der Welt zurückführt (De l'Ordre Maçonnique de Misraim, depuis sa création jusqu'a nos jours, de son antiquité, de ses luttes et de ses progrés). Adam wurde von Gott selbst eingeweiht, vom Allmächtigen Baumeister. Der erste Mensch gründete die erste Loge und gab das Geheimnis seinen Söhnen weiter, durch Noah kam die Leitung an dessen Enkel Misraim. Über die Eingeweihten Homer, Zarathustra, Orpheus, Salomo, Platon, Empedokles (er erreichte den höchten kabbalistischen Grad), Pythagoras, Aristoteles („der hohe priesterliche Ämter in unserem Orden bekleidete") und den Kaiser Augustus („einer der größten Meister unseres Ordens") setzte sich die Initiationstradition fort, bis sie schließlich bei dem florentinischen Augenarzt Balaam Bédarride anlangte, der sie an seinen Sohn Samuel weitergab. Eine wildere Rodomontade wird auch der an maurerische rhetorische Blumen Gewöhnte nicht leicht finden. Der Segensspruch „Bleibt immer Menschen, ändert euch nicht, geht und lebt in Ruhe und Frieden! Halleluja" lautet in der von Marc Bédarride mitgeteilten misraimitischen Ursprache: „Neoglhan Yeye Adam Sabat Salom". Die Ge-*

99 Jouhaust, S. 374 f.

100 Emmanuel Rebold, Histoire des trois grandes loges de Francs-Maçons en France. Paris 1864, S. 575

101 „Juifs et originaires du Midi de la France, tous trois officiers ou employés apartenant à l'armée française, propagèrent en Italie un Rite dit de *Misraim*". Jouhaust, S. 369

nealogie der Familie Bédarride ist auf den Patriarchen Beda in Altägypten zurückgeführt. Viel Raum erhält die Geschichte des von Josephus geschilderten „Jüdischen Kriegs", der als Logenaktion ausgeschmückt wird. Es mag überhaupt auffallen, daß die Geschichte der Freimaurerei sich hier vornehmlich im Heiligen Land abspielt, Josua ebenso wie die Makkabäer zählten zu den Initiierten. So gelesen, erscheint die Doktrin weniger als ägyptisch denn als Mythos jüdischer Selbstbehauptung.

Faktisch aber waren die Misraim-Logen Versammlungsorte alter Jakobiner, „Republik-Nostalgiker" und der Carbonari, wie Robert Ambelain schreibt, der bis 1984 Großmeister der Memphis-Misraim-Logen war.[102] *Deshalb ist in diesem Fall der berüchtigte Wit-Dörring wohl nicht weit von der Wahrheit entfernt, wenn er schreibt: „Am schändlichsten wird indessen die Maçonnerie unter der Form des sogenannten Alt-Aegyptischen oder Mizraim-Ritus zu hochverräterischen Zwecken gemißbraucht; die Carbonaria hat sich ganz dahinein geflüchtet. So daß die, sonst gegen das maurerische Unwesen so nachsichtige französische Polizei alle Logen dieses Systems, deren Hauptsitze Lyon und Paris waren, schließen ließ."*[103] *Rebold, der französische Freimaurer und bedeutende Logen-Historiograph, führt die Gründung der Misraim noch vor die Brüder Bédarride und auf einen Streit in Mailand zurück. Dort existierte ein Grand Orient und ein Oberster Rat von Inhabern des 33. Grades. In diesen verlangte ein Bruder Lechangeur die Aufnahme.*[104] *Er wurde abgewiesen. Verärgert über die Demütigung kündigte er den Mitgliedern des Obersten Rates an, nun einen eigenen Ritus von neunzig Grad zu stiften, in den er keinen von seinen Widersachern aufnehmen werden. „Tatsächlich führte er seinen Plan aus", schreibt Rebold, „und ihm verdankt man*

---

102 „rassemblait les jacobins, nostalgiques de la republique, et les carbonari", zitiert nach Politica Hermetica Heft 3. Gnostiques et mystiques autour de la Révolution française. Lausanne 1989, S. 121. Elizabeth L. Eisenstadt sagt von dem Orden der Misraim, er habe möglicherweise direkt den Carbonari unterstanden. Eisenstadt, S. 106

103 Ferdinand Johannes Wit, genannt von Dörring: Fragmente aus meinem Leben und meiner Zeit. Dritten Bandes Erste Abteilung. Leipzig 1828, S. 10 f. Ein Verzeichnis aller 90 Grade gibt der Anhang seiner Enthüllungsschrift, S. 305 f.

104 Rebold nennt ihn „un juif français", op. cit., S. 609

diesen monströsen Bau des sogenannten Orientalischen Ritus."[105] *Die „Misraim"-Brüder rekrutierten sich einerseits aus hohen Würdenträgern der schottischen Maurerei, dann aus italienischen Flüchtlingen und schließlich Juden, die von der zögernden Aufnahmepolitik mancher Logen enttäuscht waren, offenbar stammten sie vor allem aus dem Raum von Bordeaux.*[106] *Von Beginn an kamen aus dem Kreis der „Misraim"-Adepten Vorwürfe gegen die Brüder Bédarride, die auf persönliche Bereicherung lauteten. Tatsächlich mußten bei einem System von neunzig Graden, deren jeder zu bezahlen war, erhebliche Geldmittel an die Oberen fließen. Logenbrüder, die eine Prüfung der Bücher forderten, warf man hinaus.*[107] *Im April 1819 wurde vom Pariser Handelsgericht der Bankrott der Firma der Bédarride festgestellt.*[108]

Charles Teste aber begegnen wir wieder in der Julirevolution des Jahres 1830. Louis Blanc berichtet von seiner Kühnheit und Geistesgegenwart im kritischen Moment: „Ein merkwürdiges Zusammentreffen, daß zu gleicher Zeit die Herren Charles Teste und Taschereau auf den Bureaux des *National* eine provisorische Regierung ernannten, bestehend aus den Herren Lafayette, Gerard und Labbey von Pompières.

Auf den Rath des Dichters Beranger wurde der letztere Name gestrichen und der des Herzogs von Choiseul an seine Stelle gesetzt. Sofort veröffentlichte der getäuschte *Constitutionnel* eine Proklamation und verkündete in ganz Paris die große Nachricht von einer Regierung, welche bloß in der Einbildung etlicher muthiger Fälscher bestand, die auf den Erfolg rechneten, um Lossprechung zu erlangen. Bald geschah in der Hauptstadt alles nur kraft dieser imaginären Gewalt: die intelligenteste Stadt der Welt

105 A.a.O., S. 575: „Vexé de ce refus, Lechangeur prévint les membres du Sup. Conseil qu'il allait se mettre au-dessus d'eux, en créant un rite de 90 degrés, dans lequel aucun d'eux ne serait admis. Il exécuta en effet son projet, et c'est à lui qu'on est redevable du monstrueux échafaudage de ce soi-disant rite oriental."

106 Vgl. Politica Hermetica: „Certains israélites, en particulier à Bordeaux où la Maçonnerie officielle était peu acceuillante pour les juifs." S. 126.

107 Rebold, S. 581

108 A.a.O., S. 581, vgl. auch Jouhaust, S. 369 ff.

ließ sich durch ein Wort beherrschen."[109] Wenn Charles Teste die hier bewährte Gabe nicht von Natur her besaß, dann hatte er sie im Orden der Misraim gelernt.

109 Louis Blanc, Geschichte der zehn Jahre 1830–1840, Leipzig 1847, S. 177

Die Pariser Zeitschrift „Vorwärts!": Börnstein, Bernays, Heine und Moses Hess. Mit einem Exkurs über die Loge der Trinosophes

Wir besitzen in Paris", schrieb der stolze Friedrich Engels im Oktober 1844, „eine deutsche kommunistische Zeitung, den ‚Vorwärts!', der zweimal wöchentlich erscheint. In Belgien ist eine aktive kommunistische Agitation im Gange, und eine Zeitung, ‚Débat Social', wird in Brüssel herausgegeben. In Paris gibt es ungefähr ein halbes Dutzend kommunistische Zeitungen. Socialiste und Socialitaire sind in Frankreich Modebegriffe, und Louis-Philippe, der Erzbourgeois, unterstützt die ‚Democratie Pacifique' – mit Geld und Protektion. Das religiöse Benehmen der französischen Sozialisten ist meist heuchlerisch; die Leute sind vollkommen irreligiös, und die ersten Opfer der nächsten Revolution werden die Pfaffen sein."[110] Die von Engels so gelobte deutsche Zeitung, die seit dem 2. Januar 1844 erschien, von Emigranten geschrieben, war ein Blatt, in dem sich erst gemäßigte Opposition gegen die deutschen Zustände, im zweiten Halbjahr aber vornehmlich radikale und sozialistische Stimmen zu Wort meldeten. Zu den Autoren gehörten Marx, Engels, Arnold Ruge, Georg Weerth, Heinrich Heine und Georg Herwegh. Der Begründer Heinrich Börnstein war ein Musikjournalist und mochte zunächst eher ein lebhaftes Feuilleton vor Augen gehabt haben als ein politisches Kampfblatt, geriet aber sehr bald in den Bannkreis der Radikalen. Während anfangs noch Adelbert von Bornstedt in der Redaktion tätig war, ein Demokrat, gescheiterter Fremdenlegionär und gleichzeitig wohl Konfident der österreichischen und der preußischen Regierung, trat an seine Stelle bald Karl Ludwig Bernays. „Durch Bernays", schreibt Börnstein in seinen Lebenserinne-

110 Sozialismus auf dem Kontinent (Erstdruck: The New Moral World, Nr. 15 vom 5. Oktober 1844). In: Karl Marx/Friedrich Engels, Werke Band 2. Berlin (DDR) 1972, S. 507

rungen, „lernte ich nun den ebenso liebenswürdigen als hochgebildeten Doktor Arnold Ruge kennen und später auch die anderen Mitarbeiter der Deutsch-Französischen Jahrbücher, – ein neuer sich mir immer mehr erweiternder Ideenkreis erschloß sich mir, aus dem Saulus wurde ein Paulus und mit lebhafter Empfänglichkeit von Natur ausgestattet, war ich bald für die Grundsätze und Lehren des Humanismus gewonnen. Man nannte eben damals Humanismus, was man heutzutage als Sozialismus bezeichnet."[111] Bernays war es, der das Blatt radikalisierte; er hatte schon zu den Beiträgern der „Deutsch-Französischen Jahrbücher" gehört.

„Jung und lebhaft, wie ich damals war", so Börnstein weiter, „begeisterte ich mich rasch für dieses Zukunftsprogramm, stellte den Humanisten, die kein eigenes Organ hatten, mein ‚Vorwärts' zur Verfügung und bald war ein Kreis von Redaktionskräften im ‚Vorwärts' thätig, wie ihn wohl ein Blatt nicht so leicht aufzuweisen hatte … Das ‚Vorwärts' gewann, indem es das einzige ganz censurfreie und radikale aller in Europa in deutscher Sprache erscheinenden Zeitungen wurde, einen neuen Reiz und eine vermehrte Abonnentenzahl."[112]

Mit Börnsteins Darstellung von „Humanismus" und „Sozialismus" ist das Spektrum der Beiträge sehr gut beschrieben. Es reichte von der gemäßigten bis zur radikalen Religionskritik, vom Republikanismus bis zum Kommunismus. Ein Auszug aus Ludwig Feuerbachs Schrift „Das Wesen des Glaubens im Sinne Luther's", die 1844 in Deutschland erschienen war, kam auf Marxens Anregung ins Blatt. Passagen aus Hermann Burmeisters „Geschichte der Schöpfung" brachte man im Sinne der Propagierung eines naturwissenschaftlichen Weltbildes. Schon mit dem Blick auf die geschichtspolitische Erziehung der Leserschaft bot man Auszüge aus Theodor Oelckers' „Die Bewegung des Sozialismus und Kommunismus". Es gehörte aber in diese literaturpolitische Strategie,

---

111 Heinrich Börnstein, Fünfundsiebzig Jahre in der alten und neuen Welt, zitiert nach: Gespräche mit Bakunin. Gesammelt von Arthur Lehning. Leipzig 1991, S. 72. Zu dem von Bernays angestoßenen Richtungswechsel des Blattes merkte Franz Mehring an: „Seitdem Bernays die Redaktion des ‚Vorwärts!' übernommen hatte, ging er gegen die ‚christlich-germanischen Pinsel' in Berlin scharf ins Zeug und ließ es auch an ‚Majestätsbeleidigungen' nicht fehlen." Franz Mehring, Karl Marx. Geschichte seines Lebens. Essen 2001, S. 99

112 Börnstein, a.a.O., S. 72.

Moses Hess um 1845, gemalt von seinem Freund Gustav Adolf Köttgen

wie Wolfgang Büttner gezeigt hat, auch, unter der aktiven Mitwirkung von Marx, die Erinnerung an die französische Revolution.[113] Das begann mit den Memoiren des Konventskommissars Levasseur, die von der Redaktion aktualisierend kommentiert wurden. Im gleichen Tenor druckte man Artikel von Camille Desmoulins wieder ab, darunter einen über das Dekret der Nationalversammlung, Adelstitel und Wappen abzuschaffen. Hermann Ewerbeck, einer der Autoren des „Vorwärts!", hat nicht zu Unrecht später festgestellt, im Blatt seien die „Freunde der französischen Nation" zu Wort gekommen, die in Opposition standen zur Partei der Deutschtümler, der Gallophoben und Teutomanen, die es auch unter den Emigrierten noch gegeben habe.[114] Ist damit die republikanische Seite der Beiträge umrissen, so gab es doch auch solche, die schärfer in eine kommu-

113 Wolfgang Büttner, Das Feuilleton des Pariser „Vorwärts". In: Jahrbuch für Geschichte, Jg. 32. Akademie-Verlag. Berlin (DDR), 1985, S. 188 ff. und 199 ff. Büttner läßt Moses Hess in seinen Betrachtungen aus und folgt damit parteiamtlichen Vorgaben, die den Zusammenhang zwischen dem Kommunisten Marx und dem späteren Zionisten Hess zu vertuschen suchten.

114 Hermann Ewerbeck, L'Allemagne et les Allemands. Paris 1851, S. 588. Ewerbeck hatte Schriften des Frühkommunisten Cabet ins Deutsche übersetzt. Er war in Paris Mitglied im „Bund der Gerechten" und im „Bund der Kommunisten".

nistische Richtung gingen. Der „Vorwärts!" publizierte von Moses Hess, allerdings ohne daß er mit seinem Namen gezeichnet hätte, sein „Kommunistisches Glaubensbekenntnis in Fragen und Antworten".[115] Hess plädierte darin für die Abschaffung „aller nutzlosen Staatseinrichtungen" und für eine progressive Vermögens- und Erbschaftssteuer.[116] Hess hatte mit Marx und Ruge schon an den „Deutsch-Französischern Jahrbüchern" zusammengearbeitet und 1843 mit Georg Herwegh die „Einundzwanzig Bogen aus der Schweiz" veröffentlicht, von denen Johann Caspar Bluntschli damals sagte, sie hätten „ganz unverhüllt das Christentum und die Monarchie als ‚himmlische und irdische Tyrannei' dem Hasse der Völker zur Beseitigung empfohlen".[117] In den „Einundzwanzig Bogen" waren von Hess die Beiträge „Socialismus und Communismus" und „Philosophie der Tat" erschienen.

Eine besondere journalistische Leistung des „Vorwärts!" war sicher die Publikation mehrerer Gedichte von Heinrich Heine. Hier erschien Ende 1844 in Fortsetzungen eine vollständige Fassung von „Deutschland. Ein Wintermärchen". Das, was von Paris aus als die „deutsche Misere" erscheinen mußte, wurde von Heine frech, aber in vollendeter dichterischer Form gegeißelt. Es ging um die Destruktion all dessen, was in Deutschland an das Alte erinnerte, was noch oder wieder mythisch verklärt war: Um den Kaiser Barbarossa, der als „Gespenst" und „altes Fabelwesen" abgefertigt wird; es ging gegen den Kölner Dom, „des Geistes Bastille": „Ja, kommen wird die Zeit sogar, / Wo man, statt ihn zu vollenden, / Die inneren Räume zu einem Stall / Für Pferde wird verwenden."[118] Es ging gegen die Reliquien der Heiligen Drei Kö-

115 Edmund Silberner, Moses Hess. Geschichte seines Lebens. Leiden 1966, S. 202 f.

116 Vgl. auch den Kommentar des Herausgebers Theodor Zlocisti der „Jüdischen Schriften" von Hess, Berlin 1905, S. XLIV: „Der Streit" – zwischen Hess und Arnold Ruge – „wurde zum Teil in dem Pariser ‚Vorwärts' ausgetragen, den ein geschickter Faiseur, Bornstein (sic!), mit Unterstützung Meyerbeers 1844 herausgab. Auch Hess hat an dieser Zeitschrift mitgearbeitet, ohne indes seine Artikel zu zeichnen."

117 Silberner, S.124. Silberner nennt Bluntschlis Worte eine „treffende Bezeichnung der Tendenz".

118 Caput IV. Vgl. auch Caput VII: „Der Zukunft fröhliche Kavallerie / Soll hier im Dome hausen." Die Umwandlung von Kirchen in Pferdeställe war gängige Praxis in dem von französischen Truppen besetzten Westdeutschland. So 1794 in Aachen, oder in Ingelheim, wo die vorromanische Saalkirche beschlagnahmt wurde und als Pferdestall, Hospital und Gefängnis diente. Die

nige im Kölner Dom – „Skelette des Aberglaubens" – gegen den Cherusker Hermann, selbst gegen das demokratische Banner Schwarz-Rot-Gold, vor allem aber gegen den preußischen Adler, „den Vogel … / Der mir so tief verhaßt", und gegen die Pickelhaube. Alle überlieferten Symbole, in die das damalige Deutschland seine Hoffnungen setzte, verfielen der Kritik. Geübt wurde sie im Namen der humanen Zukunft: „Ein neues Lied, ein besseres Lied, / O Freunde, will ich euch dichten! / Wir wollen hier auf Erden schon / Das Himmelreich errichten."[119] Der Maßstab der Deutschland-Kritik und des Spottes über die weich gebettete „deutsche Seele" war die soziale Republik. Aber auch ein idealisiertes Frankreich als der Träger dieses neuen Geistes und der Zukunftshoffnungen. Den volkstümlichen „Vater Rhein" läßt Heines Gedicht die Franzosen preisen: „Denn kehren jetzt die Franzosen zurück, / So muß ich vor ihnen erröten, / Ich, der um ihre Rückkehr so oft / Mit Tränen zum Himmel gebeten."[120]

Zudem erschien von Heine das bedeutende „Weberlied", das den Weberaufstand zum Vorwurf hatte:

Die schlesischen Weber

Im düstern Auge keine Träne,
Sie sitzen am Webstuhl und fletschen die Zähne:
„Deutschland, wir weben dein Leichentuch,
Wir weben hinein den dreifachen Fluch –
Wir weben, wir weben!
Ein Fluch dem Gotte, zu dem wir gebeten
In Winterskälte und Hungersnöten
Wir haben vergebens gehofft und geharrt,
Er hat uns geäfft und gefoppt und genarrt –
Wir weben, wir weben!
Ein Fluch dem König, dem König der Reichen,

Übung kam unter Napoleon wieder auf, 1812 wurden in Münster Kirchen und Klöster zu Magazinen und Pferdeställen. Heine konnte mit Lesern rechnen, denen der Frevel mindestens in der mündlichen Überlieferung noch gegenwärtig war. Unter der Überschrift „Marat über den Kölner Dombau" brachte der „Vorwärts!" im August 1844 Ausführungen des Revolutionärs zu öffentlichen Großbauten, die nur den Geist des Volkes erschlaffen ließen – und gab Heines Polemik gegen den Domverein ein Echo.

119 Caput I

120 Caput V

Den unser Elend nicht konnte erweichen,
Der den letzten Groschen von uns erpreßt,
Und uns wie Hunde erschießen läßt –
Wir weben, wir weben!
Ein Fluch dem falschen Vaterlande,
Wo nur gedeihen Schmach und Schande,
Wo jede Blume früh geknickt,
Wo Fäulnis und Moder den Wurm erquickt –
Wir weben, wir weben!
Das Schiffchen fliegt, der Webstuhl kracht,
Wir weben emsig Tag und Nacht –
Altdeutschland, wir weben dein Leichentuch,
Wir weben hinein den dreifachen Fluch,
Wir weben, wir weben!"

Der dreifache Fluch auf Gott, König und Vaterland, der hier als die geheime Botschaft in den Weberaufstand hineingedeutet wurde, resümierte die Anschauungen des radikalen Teils der Redaktion. Wenn der Kultus eines Gottes abgeschafft wurde, dann blieb der Kultus der Humanität. Statt Gott und seine Heiligen „sollst du die Menschheit preisen", hieß es auch in einem Gedicht von Joachim Friedrich Martens.[121] Was Baudelaire gegen Heine eingewandt hatte – seine Gedichte seien ein Moder von „materialistischer Sentimentalität"[122] – zeigt sich als rhetorische Tendenz des „Vorwärts!" insgesamt.

Der bei weitem bedeutendste kommunistische Beitrag kam von Marx: „Kritische Randglossen zu dem Artikel ‚Der König von Preußen und die Sozialreform. Von einem Preußen'", der in der Ausgabe vom 7. August 1844 erschien. Der „Preuße" war Arnold Ruge. Hier wandte sich Marx gegen den ausschließlich republikanisch-demokratischen Gedanken der politischen Revolutionäre, um zur Idee der sozialen Revolution vorzudringen. Und hier radikalisierte sich die humanistische Rede vom „Wesen des Menschen" auf die Arbeiterbewegung hin. „Das menschliche Wesen ist das wahre Gemeinwesen der Menschen. Wie die heillose Isolierung von diesem Wesen unverhältnismäßig allseitiger, unerträg-

121 Vgl. Büttner. Feuilleton, S. 196

122 Vgl. Baudelaires scharfes Wort über „Henri Heine et sa littérature pourrie de sentimentalisme matérialiste". Zitiert nach: Gerhart Hoffmeister, Heine in der Romania. Berlin 2002, S. 54

licher, fürchterlicher, widerspruchsvoller ist als die Isolierung vom politischen Gemeinwesen, so ist auch die Aufhebung dieser Isolierung und selbst eine partielle Reaktion, ein Aufstand gegen dieselbe um so viel unendlicher, wie der Mensch unendlicher ist als der Staatsbürger, und das menschliche Leben unendlicher als das politische Leben."[123]

Redigiert wurde die Zeitung bis zum 3. August von Börnstein, bis zum 11. September von Bernays, danach wieder von Börnstein. Ursache für den zeitweisen Ausfall von Bernays war eine gerichtliche Verurteilung des Redakteurs, der den „Vorwärts!" nach links gerückt hatte. „Das Blatt", so berichtet Adolf Strodtmann, „nahm jetzt eine stark kommunistische Färbung an, und die schonungslosen Angriffe auf hohe Häupter, unter welchen Heine's Gedichte den ersten Rang einnahmen, hatten die Verurteilung des Herrn Bernays zu einer mehrmonatlichen Haft in Saint-Pélagie und eine Beschwerde der preußischen Gesandtschaft zur Folge."[124]

Nicht zu den Beiträgern (obwohl Börnstein dies in seinen Lebenserinnerungen behauptete), aber doch zum Umkreis des Blattes gehörte auch Michail Bakunin. „Ich erinnere mich noch mit Vergnügen", schreibt Börnstein, „an die mehrmals wöchentlich stattfindenden Redaktionsversammlungen, bei welchen alle diese Männer in meinem Redaktionslokale zusammenkamen, zu welchem ich, wie zu meinem Geschäftsbureau, das erste Stockwerk des Eckhauses in der Rue des Moulins et Rue neuve des Petits Champs, gemiethet hatte. Ich hatte mehrere unbenutzte Zimmer und in dem größten wohnte provisorisch der Russe Bakunin, d.h. er hatte in dem großen Zimmer ein Feldbett, einen Koffer und einen zinnernen Becher, – daraus bestand sein ganzes Ameublement. – Denn er war der bedürfnißloseste aller Menschen. In diesem Zimmer kamen nun zu den Redaktions-Sitzungen zwölf bis vierzehn Menschen zusammen, die theils auf Bett und Koffer sitzend, theils stehend oder herumgehend, alle furchtbar rauchten, dabei mit der größten Aufregung und Leidenschaftlichkeit debattirten. Die Fenster konnte man nicht aufmachen, weil sich sonst bald ein Volksauflauf auf der Straße gebildet hätte, um die Ursa-

123 Karl Marx/Friedrich Engels, Werke Band 1. Berlin (DDR) 1976, S. 408

124 H. Heine's Leben und Werke. Berlin, Wien und New York 1867, S. 496

chen dieses heftigen Schreiens zu erfahren, – und so war denn das Zimmer bald in solche dicken Rauchwolken gehüllt, daß ein Neueintretender keinen der Anwesenden erkannte und wir uns zuletzt gegenseitig selbst nicht mehr sehen konnten."[125]

Hinter der offiziellen Geschichte eines radikaldemokratischen bis sozialistischen Blattes liegt eine zweite. Das Geld für den „Vorwärts!", 3 000 Francs, war von Giacomo Meyerbeer gekommen. Der Komponist war seit 1843 Mitglied des Pariser Grand Orient. „Das Patent über die Aufnahme", schreibt die Herausgeberin seines schriftlichen Nachlasses, „datiert auf den 4. Januar 1843, sowie die Urkunde über die Aufnahme, datiert auf den 22. Januar 1844, ferner eine weitere Urkunde, datiert auf den 20. Oktober 1845, sind überliefert im Meyerbeer-Nachlaß."[126] Börnstein wiederum, der am 1. April 1844 in der dem Grand Orient unterstehenden Loge *Des Rigides Ecossais*, wie er schreibt, „die Maurerische Weihe empfangen" hatte, berichtet in seinen Lebenserinnerungen: „Lessings ‚Ernst und Falk', das Lesen anderer maurerischer Schriften, Unterredungen mit meinem Vater, der ein alter Maurer war, hatten mich frühzeitig zur maurerischen Erkenntnis geführt. Ich machte daher einen raschen Weg und war bereits nach neun Monaten im Besitze aller Grade und zugleich Frère Venerable (Meister vom Stuhle) der Loge, die mich aufnahm. Die Loge gehörte dem schottischen Ritus an."[127] Die Position des Stuhlmeisters war von einigem Einfluß.

Verleger und Finanzier des Oppositionsblattes waren also in einem maurerischen Netzwerk verbunden. Man sollte diese Koinzidenz allein noch nicht überbewerten. Wenn man Meyerbeer denn Absichten unterstellen will, die über eine freundliche Geste unter Emigranten hinausgingen, dann können diese auch auf dem Gebiet des Musikjournalismus gelegen haben, auf den sich Börnstein verstand. Heine, der prominenteste Autor des „Vorwärts!", war seinerseits mit Meyerbeer befreundet und seit dem 4. Januar 1844 (also gleichzeitig mit dem Beginn der Arbeit an „Deutsch-

---

125 Börnstein, zitiert nach Lehning, Gespräche S. 72 f.

126 Giacomo Meyerbeer, Briefwechsel und Tagebücher Band 8: 1860–1864. Hrsg. von Sabine Henze-Döhring. Berlin 2006, S. 818. Einen zweiten Geldwunsch von Börnstein lehnte Meyerbeer ab. Vgl. seinen Brief vom 19. April 1844, in dem auch vom „Journal" die Rede ist.

127 Heinrich Börnstein, Fünfundsiebzig Jahre in der alten und neuen Welt. Memoiren eines Unbedeutenden. Leipzig 1881, S. 360

land. Ein Wintermärchen") „apprenti", Lehrling, der 1816 gegründeten, in Paris hochangesehenen schottischen Loge *Les Trinosophes* und damit im Grand Orient.[128] Verhüllt hatte Heine wohl in „Deutschland. Ein Wintermärchen" von der Attraktivität der Logen gesprochen, als er von der Hamburger Judenschaft erzählt: „Die Juden teilen sich wieder ein / In zwei verschiedene Parteien; / Die Alten gehn in die Synagog / Und in den Tempel die Neuen." (Caput XXII)

Exkurs über die Loge der Trinosophes

Das rätselhafte Wort „Trinosophie" geht auf den ebenso rätselhaften Grafen von Saint Germain zurück. Von ihm ist ein Traktat mit dem Titel „La très sainte Trinosophie" überliefert. Vorher ist der Begriff nicht nachzuweisen. Offenbar waren damit drei Schlüssel der höheren Erkenntnis gemeint; Alchimie, Kabbala und hermetische Tradition, auch zoroastrische Gedanken werden aufgerufen. Das Buch hat die Form eines Lehrbriefes, der die Einweihung in höhere Mysterien schildert, gleichzeitig aber Elemente des Schauerromans: die Instruktion an den Adepten ergeht aus einem finsteren Verließ. Jean Marie Ragon, der die Loge der Trinosophes gründete und als ihr Stuhlmeister amtierte, war einer der angesehensten Hochgradmaurer des neunzehnten Jahrhunderts. Er besaß den 33. Grad des schottischen und den neunzigsten des Misraim-Ritus. Seine hermetischen, kabbalistischen und okkulten Kenntnisse waren legendär, unter anderem kannte er Pasquallys Traktat und das System der „Asiatischen Brüder". 1853 gab er das Werk „L'Orthodoxie Maçonnique et la Maçonnerie Occulte" heraus. Vielfach äußert er sich dort zur Kabbala. „Die Lehre der Kabbala war für lange Zeit die Religion der Weisen und Gelehrten, weil sie, wie die Freimaurerei, ohne Unterlaß der spirituellen Vervollkommnung zustrebt und der Verschmelzung der Glaubensweisen und der Nationalitäten unter den Menschen … Die Kabbala ist der Schlüssel der geheimen Wissenschaften."[129] Auch die Zeremonie der Einweihung in der Grad eines „Chevalier de la cabale"

128 Ralph Häfner, Die Weisheit des Silen. Heinrich Heine und die Kritik des Lebens, Berlin 2006, S. 392

129 „La doctrine cabalistique fut longtemps la religion du sage et du savant, parce que, comme la Francmaçonnerie, elle tend, sans cesse, à la perfection spirituelle et à la fusion des croyances et des nationalités entre les hommes. … La cabale est la clef des *sciences occultes*." Op. cit., S. 494. Ragon Schrift machte

schildert Ragon. Gerade mit dem Blick auf Ragon und die Trinosophes darf man sagen, daß die Hochgradmaurerei ohne eine Rezeption der Kabbala, und sei sie noch so unauthentisch, nämlich alchimistisch oder christianisierend umgedeutet, keinen geistigen Gehalt von Belang vorweisen könnte.

Bernays schloß sich erst im Frühjahr 1845 einer Loge des Grand Orient an, als der „Vorwärts!" schon Geschichte geworden war, befand sich also zu seiner Redakteurszeit noch in der Warteschleife. An den schon in Brüssel weilenden Marx meldete Bernays am 10. April 1845: „Hier dagegen werde ich überall mit der größten Auszeichnung behandelt, die Freimaurer haben mich gratis in die Loge aufgenommen, und mir an einem Abende alle 3 Grade gegeben – eine Ehre die wie ich oft in der Sitzung hören mußte seit 1815 keinem widerfahren ist."[130]

Zu den Beiträgern, deren Logenmitgliedschaft gesichert ist, auch wenn das Datum seiner Aufnahme nicht feststeht, gehörte auch der ausgewanderte Berliner Oberlehrer German Mäurer, der sich dichterisch und essayistisch im „Vorwärts!" vernehmen ließ. Er hatte das Buch „Menschenweisheit oder Anthroposophie" verfaßt, im Untertitel: „Ein Beitrag zur Lösung der politischen, sozialen, religiösen und pädagogischen Fragen aller Zeiten". Es erschien 1851 in Franfurt am Main. „Die Erbsünde aller Geschlechter", heißt es darin, „ist aber, leider, die Unwissenheit, und nur die Wissenschaft hat die messianische Bestimmung – an ihnen das große Werk der Erlösung zu vollenden. ... Die wahre Politik ist die einzig vernünftige, die einzig wahre und die des Menschen allein würdige Religion, und es giebt kein anderes Heil, weder auf Erden, noch im Himmel, als in dieser allein seligmachenden Kirche. Denn diese wahre Politik hat die Natur und Vernunft zum Gesetzgeber, die Moral zur Grundlage, das Glück der ganzen

---

später auch großen Eindruck auf Madame Blavatsky, die ihn in der „Secret doctrine" mehrfach erwähnt. Aber die Ausstrahlungen der Hochgradmaurerei in die Theosophie sind ein anderes Kapitel.

130 Karl Marx/Friedrich Engels, Briefwechsel bis April 1846, Berlin 1975, S. 455. Vgl. auch Bernays' weitere Ausführungen: „Börnstein bewog mich zur Aufnahme in die Loge, was mir in der Fremde von Nutzen sein könnte, durch seine Vermittlung ward ich ohne alle Gebühren aufgenommen." Karl Marx/ Friedrich Engels, Gesamtausgabe. Band 3, Teil 2. Berlin (DDR) 1975, S. 260. Ein später Essay von Bernays mit dem Titel „Mein Judenthum" hat sich erhalten. Sein ursprünglicher Vorname war Lazarus.

Menschheit zum Endzweck."[131] Ganz ähnlich klang ja schon, was er an Dichtungen im „Vorwärts!" veröffentlicht hatte: „Laß't die Menschheit zur Bestimmung reifen, landen in der Freiheit sicherm Fort" hieß es in dem Gedicht „An die Fürsten des 19. Jahrhunderts".[132] Daß er mit diesen Ideen in der Loge gut aufgehoben war, versteht sich. Erst ein gutes Jahrzehnt später stieß auch Moses Hess zu einer Loge des Grand Orient.[133] Die Logenzugehörigkeit von Mitarbeitern des „Vorwärts!" fügte sich zwanglos in die Tendenzen zu „sozialen Studien" ein, die auch der Grand Orient selbst seit Anfang der vierziger Jahre in seinen Ateliers förderte.

Nun war auch redaktionell eine gewisse Nähe zu maurerischen Gedankenwelten nicht zu übersehen. Unter dem Titel „Lessing als Sozialist" druckte die Zeitung im Dezember 1844 Auszüge aus Lessing „Ernst und Falk. Gespräche für Freimäurer". Das Buchexemplar, nach dem der Druck besorgt wurde, stammte aus dem Besitz von Marx.[134] Abgedruckt wurden jene Passagen aus dem zweiten Gespräch, in denen Lessing erklärte, der Sinn

131 Mäurer, Anthroposophie, S. 3 und S. 180

132 Büttner, Feuilleton, S. 179

133 Ob auch Arnold Ruge Freimaurer war, ist nicht festzustellen. 1852 erschien von ihm die Schrift „Die Loge des Humanismus", die immerhin in Wolfstiegs „Bibliographie der Freimaurerischen Literatur" (1913) aufgeführt ist. Andererseits kann man annehmen, daß die Logen sich heute mit seinem Namen schmücken würden, wenn er ihnen denn angehört hätte. Zusammen mit Mazzini, Ledru-Rollin, dem Rumänen Dimitru Bratianu, dem Polen Albert Darasz und dem Ungarn Lajos Kossuth leitete Ruge seit 1850 das in London ansässige „Comité Central Démocratique Européen". Die Logentätigkeit von Mazzini – angeblich wurde er 1834 initiiert – ist weniger eindeutig belegt als oft angenommen wird; auch Ledru Rollin scheint kein Freimaurer gewesen zu sein. Über Albert Darasz ist nichts festzustellen. Bratianu allerdings, der 1848 in Bukarest eine Provisorische Regierung geleitet hatte, war seit 1845 in der vor allem von Rumänen frequentierten Loge *Athenée des Etrangers.* (Vgl. New Europe, Polskie Rzadowe Centrum Informacyjne. New York 1944, S. 34). Lajos Kossuth, der 1848 in Ungarn die Macht ergriff und 1849 die Unabhängigkeit von Österreich ausgerufen hatte, wurde erst im amerikanischen Exil Freimaurer. Seinen Antrag, in eine Loge von Cincinnati, Ohio aufgenomen zu werden, dokumentieren Albert Gallatin Mackey, H. L. Haywood und Robert Ingham Cleggt in der Encyclopedia of Freemasonry, Band 1. Reprint Kessinger, Whitefish/Montana 2003, S. 554. Kossuth wurde bei der Aufnahme sogleich in den Grad des Meisters erhoben.

134 Vgl. Internationaler Heine-Kongreß 1972. Referate und Diskussionen. Hrsg. von Manfred Windfuhr. Hamburg 1973, S. 245

eines Staatswesens bestehe darin, daß „in dieser Vereinigung jeder einzelne Mensch seinen Teil von Glückseligkeit desto besser und sicherer genießen könne. – Das Totale der einzelnen Glückseligkeiten aller Glieder ist die Glückseligkeit des Staats. Außer dieser gibt es gar keine. Jede andere Glückseligkeit des Staats, bei welcher auch noch so wenig einzelne Glieder leiden und leiden *müssen,* ist Bemäntelung der Tyrannei. Anders nichts!" So war ein Zusammenhang zwischen dem maurerischen und dem sozialistischen Humanismus auch für die unbefangenen Leser plausibel gemacht – ohne daß doch die wirklichen Verhältnisse in der Redaktion offengelegt worden wären. Nach außen hin trat man als Religionskritiker, Humanist, radikaler Demokrat und Sozialist auf, esoterisch war man einem Logennetzwerk attachiert.

Auch Michail Bakunin, der Zaungast des „Vorwärts!" und zuvor schon Autor in den „Deutsch-Französischen Jahrbüchern", gehörte zu den Eingeweihten. Unter den Emigranten war keiner, und zwar zeitlebens, tiefer in die Sphäre der Geheimgesellschaften eingetaucht als Bakunin. Als es im Dezember 1825 zur Adelsverschwörung der Dekabristen („Dezembristen") kam, war einer der fünf Konspirateure, die man nach der Niederschlagung der Revolte erhängte, ein Cousin von Bakunins Mutter Varvara; zwei weitere ihrer Cousins gehörten der Geheimgesellschaft an, die die Erhebung vorbereitet hatte. Die Anfänge der Dekabristen, so lesen wir in Richard Pipes' Geschichte des russischen Konservativismus, waren zunächst unauffällig: „Etwa zweihundert Offiziere ... gründeten 1816 die ‚Union der Rettung', eine geheime Organisation, sehr ähnlich der Freimaurerei, mit der viele ihrer Mitglieder verbunden waren."[135] Man kann es als sicher annehmen, daß allein dies beim jungen Michail Bakunin eine gewisse Sympathie für revolutionäre Verschwörungen begünstigte – erklärte er doch später, in Rußland sei es die „kleine, mehr oder weniger un-

135 Russian Conservatism and its Critics. A Study in Political Culture. Yale University Press, 2005, S. 37. Puschkin hat in dem Versepos „Eugen Onegin" die Freimaurerangst in Rußland verspottet: „Sie hatten anfangs mit Besuchen / Den neuen Gutsherrn oft beehrt; / Doch gab er weder Wein noch Kuchen, / bestieg vielmehr sogleich sein Pferd, / sobald er hörte, daß sie kommen; / So zogen sie gekränkt, beklommen / Von dannen und beschwerten sich, / Onegin sei absonderlich. / ‚Ein Freimaurer, ganz unerzogen, / benimmt sich manchmal wie verrückt, / hat keine Ahnung, was sich schickt, / hat schlechten Umgangston gepflogen, / sagt unhöflich nur ja und nein / und nie sehr angenehm und fein.'" Den Hinweis verdanke ich meinem lieben Hans Imhoff.

terdrückte Sekte der Freimaurer" gewesen, die „im Geheimen das heilige Feuer der Ehrfurcht und Liebe für die Menschheit hütete und langsam schürte".[136] In Paris trat Bakunin 1845 einer Hochgrad-Loge des Grand Orient bei, die Obödienz rühmt sich noch heute seiner Mitgliedschaft.

Nun zur Nachgeschichte dieses Freimaurer-Netzwerks unter den Emigranten. Sie führt uns in das Jahr 1848. E. H. Carr hat in seiner immer noch schätzenswerten, im Detail aber oft schiefen Bakunin-Biographie ein unvergleichlich naives, romantisch verzerrtes Bild seines Helden im Jahre Achtundvierzig gezeichnet. Danach wandte sich Bakunin an die Provisorische Regierung unter Lamartine und beantragte ein Darlehen über 2000 Francs für revolutionäre Arbeit in Posen. Frische Regierungen, so Carr, seien ja für gewöhnlich großzügig („Young governments are commonly generous"), und so habe Ferdinand Flocon dem Wunsch des Russen stattgegeben, wohl eher erleichtert, einen unkontrollierbaren Mann so einfach loszuwerden. Marc Caussidière, der Polizeipräfekt der Provisorischen Regierung, habe für Bakunin zwei Pässe anfertigen lassen, einer war auf den wirklichen Namen ausgestellt, einer auf den fiktiven eines Polen aus Posen: Léonard Neglinksky.[137]

Natürlich war es gerade nicht die Generosität der Regierung, einem Russen ohne weiteres Geld und Pässe zur Verfügung zu stellen. Vielmehr reisten Bakunin und Karl Ludwig Bernays als internationale Agenten der Zweiten französischen Republik, mit dem Auftrag des Revolutionsexports, wie die neuere Forschung zweifelsfrei ergeben hat: „Die Franzosen nutzten Lamartines geheimen Agenten Carl Ludwig Bernays für eine informelle Reise im Juni nach Prag. Vor Geheimagenten wie Bernays warnte der Gesandtschaftsrat von Baden in Paris, Baron Ferdinand von Schweizer, seit Mai 1848 seine Regierung: ‚chaque jour des nouveaux agents partent d'ici s'entendre avec les démocrats étrangers,

136 Autobiographisches Fragment, zitiert nach Lehning, Gespräche, S. 14

137 E. H. Carr, Bakunin. London 1970, S. 158 f. Zu Caussidière vgl. Fernand Guériff, La bataille de Savenay dans la Révolution. Paris 1988: „Mais le secrétaire générale du gouvernement: Pagnerre, et le prefet de la police Caussidière etaient aussi franc-maçons." Man möchte für diese Behauptung die Hand nicht ins Feuer legen. Aber zweifellos war Caussidière spätestens seit seiner Teilnahme am Lyoner Aufstand von 1834 tief in die Sphäre der blanquistischen Geheimgesellschaften eingetaucht.

stimuler l'ésprit revolutionnaire qui, dit-on ici, commence à sommeiller en Allemagne.' Die inoffiziellen Diplomaten würden versuchen, die ‚revolutionäre Propaganda im Ausland' zu nutzen, die eine ‚Plage ebenso zerstörerisch wie ein Krieg selbst' sei. Nicht nur Bakunin reiste 1848 im Auftrag der französischen Provisorischen Regierung durch Deutschland und Mitteleuropa, sondern auch sein alter Verbündeter Bernays."[138] Man verfüge, was Bakunins Logenmitgliedschaft in Paris angehe, über keine genaueren Informationen, so Carr, er berief sich aber auf ein Dokument im Dresdner Staatsarchiv, aus dem hervorgehe, daß Bakunin für drei Jahre Mitglied in einer Schottischen Loge des Grand Orient in Paris war. Wolfgang Eckhardt, der gegenwärtig wohl beste Kenner (und Herausgeber) Bakunins, hat in Dresden das fragliche Dokument nicht ausfindig machen können. Eine indirekte Bestätigung, so teilt er mit, sei ein Brief des Grafen Heliodor von Skórzewski, Stuhlmeister der Freimaurer, Veteran der napoleonischen Armee, an Bakunin vom 9. Oktober 1848, der sich in den Dresdner Akten erhalten hat: „Ich freue mich, in dir einen Bruder zu kennen; dein Diplom werde ich dir recht bald zukommen lassen und schreibe heute nach Paris, um die Besorgung zu beschleunigen", meldet er darin, das deute zumindest auf Paris und Bakunins dortige Mitgliedschaft hin. Bakunin, aus Preußen ausgewiesen, hatte sich den Bart abgeschnitten und war im September 1848 nach Breslau gefahren; pessimistisch, was die deutsche Revolution anging, optimistischer aber für die slawischen Völker, vor allem für die Polen.[139]

Skórzewski nun war der Verbindungsmann zwischen den Polen, die auf russischem Staatsgebiet lebten, und der polnischen Emigration in Paris. Carr berichtet von dieser Episode: „Durch ein geheimes Zeichen erkannte Skórzewski in Bakunin einen Freimaurer, führte ihn in die örtliche Loge ein … und forderte ihn auf, sich um den Meistergrad zu bewerben, für den er die nötigen Qualitäten besitze. Aber all dies war schnell vergessen. Schon in der ersten Woche nach Bakunins Ankunft führte die Aufdeckung

138 James Chastain: Frankreichs Diplomatie und Ostmitteleuropa in der Revolution 1848. In: Revolutionen in Ostmitteleuropa. 1848/49. Hrsg. von Rudolf Jaworski und Robert Luft. München 1996, S. 322

139 Die freundliche Mitteilung von Wolfgang Eckhardt sei hier bedankt.

seiner Identität durch die Polizei zu einem Ende dieser seiner Intrigen und Hoffnungen."[140]

Auch hier hatte sich das maurerische Netzwerk bewährt, das über die Provisorische Regierung in das Milieu der radikalen Emigration reichte. Von der Zweiten Republik hat Alain Bauer, Berater von Sarkozy und früherer Großmeister des Grand Orient sowie Präsident von dessen „Conseil de l'Ordre" einmal festgestellt, sie sei die am meisten maurerisch geprägte in der Geschichte Frankreichs gewesen.[141] Sofort findet man dann auch in Bakunins und Bernays' Kontaktpersonen im Regierungsapparat die Brüder der Logen. Flocon, Bakunins direkter Geld- und Auftraggeber, war Freimaurer, und zwar, wie es in einer neueren Darstellung heißt, vom radikalen Typus – „le radical-maçon type de cette generation".[142] Eine Porträtsammlung aus der Zeit der Zweiten Republik charakterisiert Flocon mit den Worten, er habe sich sehr jung der heiligen Sache der Demokratie gewidmet. Er trat der Charbonnerie bei und wurde in die Loge *Amis de la Vérité* aufgenommen.[143] Über diese Loge wiederum berichtet Louis Blanc, Minister der Zweiten Republik, in der „Geschichte der zehn Jahre", sie sei innerhalb der Maurerei eine ausdrücklich politische Loge gewesen, ohne das „Puerile" der üblichen Zeremonien, und in Wahrheit ein „revolutionärer Club".[144] Alphonse Lamartine, der Dichter und Präsident der Provisorischen Regierung, war zwar selbst kein Freimaurer, übte sich aber in tiefen Verbeugungen vor einer Delegation des Grand Orient, die der Orden ihm, unter einem Banner mit der Aufschrift „Liberté, Egalité, Fraternité", gesandt hatte. „Ich habe nicht die Ehre, die eigene Sprache zu kennen, in der sie sich verständigen; ich bin kein Freimaurer, niemals im Le-

140 Carr, S. 159

141 „La IIe République, la plus maçonnique de l'histoire de France" schreibt Bauer in: Des loges à la loi de 1901. Cahiers Maçonniques. Paris 2002, S. 5

142 Serge Berstein und Marcel Ruby, Un siècle de radicalisme. Paris 2004, S. 73

143 Flocon „se devoua fort jeune à la sainte cause de la démocratie. Il entra dans la charbonneire et fut recu dans la Loge *Amis de la Vérité* à un age ou il est assez rare que l'on ait des sérieuses préoccupations politiques. M Flocon fut un courageux ennemi de la Restauration". Biographie des 900 représentants du peuple à l'assemblée nationale. Paris 1848, S. 252

144 Louis Blanc, Histoire de dix ans, 1830–1840, Band 1. Bruxelles 1846. S. 66

ben hatte ich Gelegenheit, mich einer Loge anzuschließen. ... Dennoch weiß ich genug von der Geschichte der Freimaurerei, um überzeugt zu sein, daß aus der Tiefe ihrer Logen, erst im Schatten, dann in der Frühdämmerung und schließlich im vollen Licht die Gefühle hervorgegangen sind, die jene erhabene Explosion verursachten, deren Zeuge man 1790 wurde, und deren Schauspiel das Volk von Paris der Welt nun zur zweiten und – ich hoffe – letzten Vorstellung bringt, wie sie sich vor wenigen Tagen ereignet hat."[145]

Marx hatte an diesen Dingen keinen Anteil, obwohl ihn die Provisorische Regierung aus seinem Brüsseler Exil nach Frankreich einlud. Von dort aus ging er nach Köln, dann kurz nach Paris zurück und schließlich nach London. Hier kann eine Vignette aus seinem Umkreis nachgetragen werden, aber sie betrifft nicht die Zweite Republik, sondern den „Bund der Kommunisten". Der Anwalt Victor Tedesco,[146] ein gebürtiger Luxemburger und später belgischer Staatsbürger, enger Freund von Marx und Engels, trat 1847 dem „Bund der Kommunisten" bei und verfaßte im Herbst des selben Jahres einen „Catéchisme du proletaire", der von Ferdinand Freiligrath ins Deutsche übersetzt wurde und in der Programmdiskussion der Kommunisten zwischen Engels' zunächst ebenfalls in der Form eine Katechismus, eines Glaubensbekenntnisses gehaltenen „Grundsätzen des Kommunismus" von 1847 und dem „Manifest der Kommunistischen Partei", gleichfalls 1847 verfaßt, eine enorme Rolle spielte. Diese Übersetzung gehörte zu den Materialien der Anklage im Kölner Kommunistenprozeß. Nach dem Studium der Rechte war Tedesco 1842 der Lütticher Loge *Parfaite Intelligence et l'Etoile réunies* beigetreten, die zum belgischen Grand Orient gehörte, im Jahr darauf wurde er Meister.[147] In der Loge habe er, wie es in einer historischen Darstellung wohlwollend heißt, „fortgeschrittene soziale Ideen" entwikkelt.[148] Zudem wollte Tedesco den „Catechisme" zunächst von

145 Alphonse Lamartine, Trois mois au pouvoir. Paris 1848, S. 96

146 1821 bis 1897. Der Name Tedesco weist auf jüdische Wurzeln hin. Vgl. Ulrich Wyrwa, Juden in der Toskana und in Preußen im Vergleich, S. 85

147 Vgl. Pol Defosse, Jean-Michel Dufays und Martine Goldberg, Dictionnaire historique de la laïcité en Belgique. Bruxelles et Liège 2005, S. 260

148 „Il developa à la loge maçonnique de Liège des idées sociales avancées." Studium et Museum. Hrsg. von Édouard Remouchons und Marie-Thérèse Counet. Liège 1996, S. 444

der Loge selbst drucken lassen.[149] Er wurde 1848 in Belgien zum Tode verurteilt, im Gefängnis von der Loge unterstützt, 1854 freigelassen und starb als Liberaler.

149 Vgl. André Cordewiener, Organisations politiques et milieux de presse en régime censitaire. Paris 1978, S. 398

Bakunin in Italien. Mit einem Exkurs zum Grad des Ritters Kadosch

Ähnlich wie in der mißglückten polnischen Revolutionsepisode des Jahres 1848 war es sechzehn Jahre später auf einem anderen europäischen Schauplatz. Bakunin hatte eine lange Haftstrafe verbüßt, war aus der sibirischen Verbannung geflohen und nach dieser abenteuerlichen Odyssee vom Willen erfüllt, die Revolution wieder voranzubringen. Er begab sich nach Italien. Hier war die lange und verwickelte Geschichte des Risorgimento, des italienischen Einigungskampfes, zu einem ersten entscheidenden Erfolg gekommen, der Staatsbildung. Aber noch fehlten Venetien, das unter der Herrschaft der Habsburger geblieben war, und der Kirchenstaat, nun auf Rom beschränkt. Der Held des Risorgimento war Giuseppe Garibaldi.

Am 22. Januar 1864 schrieb Garibaldi an Giuseppe Dolfi: „Mein lieber Dolfi, Ich empfehle Ihnen unseren Bakunin, dessen Name den Demokraten der ganzen Welt zur Ehre gereicht. Er ist bereits unser Freund, ich bin sicher, daß Sie füreinander Sympathie empfinden werden, wenn Sie ihn sehen."[150] „Nach seiner Ankunft in Florenz", so merkt Lehning an, „besuchte Bakunin Caprera mit der Absicht, Garibaldi zu treffen, der ihn bei Giuseppe Dolfi einführte, einem der Anführer der florentinischen Demokratie und Freimaurerei." Garibaldi war wie Dolfi Freimaurer, ja Großmeister der italienischen Großlogen, die sich später zum Grande Oriente d'Italia vereinigten, und wie schon in Polen war es diese internationale Bruderschaft, die als erstes Netzwerk des Revolutionärs Bakunin dienen sollte. In Florenz wurde er 1863 Mitglied in der gerade erst gegründeten Loge *Il Progresso Sociale*.

E. H. Carr führt nun den dogmatischen Atheismus Bakunins, der sich damals geltend zu machen begann, auf die erneute Begegnung mit der Maurerei zurück. „Das Hauptergebnis von Baku-

150 Zitiert nach Lehning, Gespräche, S. 207

nins maurerischer Phase ist ein Essay – offenbar nicht zur Veröffentlichung bestimmt – in dem er erstmals die berühmte Formel prägte: ‚Gott existiert, darum ist der Mensch ein Sklave. Der Mensch ist frei, darum gibt es keinen Gott. Entfliehe diesem Dilemma, wer kann!'"[151]

Exkurs zum Grad des Ritters Kadosch

Bakunins Karriere in der italienischen Hochgradmaurerei verlief zügig, was als Zeichen der hohen Anerkennung gesehen werden muß, die er in Italien genoß. Nach einem zeitgenössischen Brief hatte Bakunin in Italien den Grad des „Ritters des Rosenkreuzes", den achtzehnten des Alten und Angenommenen Schottischen Ritus, erhalten: „L'ho condotto nel nuovo locale massonico e l'ho ricevuto Rosa-Croce sotto la volta celeste."[152] 1863 wurde er „Chevalier du soleil", „Ritter der Sonne" in Turin,[153] und war damit schon auf dem achtundzwanzigsten Grad angelangt. Der dreißigste Grad, der eines „Ritters Kadosch", wurde Bakunin 1864 von Garibaldi persönlich verliehen.[154] Andererseits war dieser schnelle Aufstieg im System der Grade nicht ganz ungewöhnlich. Denn meist wird zeremoniell verliehen der vierte Grad („Geheimer Meister"), dann der achtzehnte – „Ritter des Rosenkreuzes", wobei die Grade fünf bis siebzehn nur mitgeteilt werden, darauf folgt in gleicher Manier der dreißigste Grad des „Ritter Kadosch", dessen Verleihung wiederum die Mitteilung der Zwischengrade einschließt.

Der Grad des Ritters Kadosch, der auch „... des Schwarzen und Weißen Adlers" heißt und dessen Träger ein Wappen mit doppelköpfigem Adler führen darf, hat eine besonders starke Beziehung zum

151 „The principal product of Bakunin's Masonic period is an essay (apparently not intended for publication) in which he enunciated for the first time the famous formula; ‚God exists, therefore man is a slave. Man is free, therefore there is no god. Escape this dilemma who can!'" Carr, S. 319

152 Zitiert nach: Luigi Polo Friz: La massoneria italiana nel decennio post unitario. Milano 1998, S. 82

153 Vgl. Annales Universitatis Scientiarum Budapestinensis. Band 10–11, 1982, S. 108

154 Vgl. Fulvio Conti: Laicismo e democrazia. Firenze 1990, S. 51. Die These, daß Bakunin auch den zweiunddreißigsten Grad erhielt, der ihm administrative Kompetenzen des Ordens übertragen hätte, fand ich bei Leon Zeldis, Masonic chronology in context (Reprint Kessinger 1993), S. 52, allerdings auch in: Daniel Ligou, Dictionnaire de la franc-maçonnerie. Paris 1998.

Schicksal der Tempelritter und vor allem zur Hinrichtung von Jacques de Molay, dem letzten Großmeister des Ordens, am 18. März 1344. Für die Zerschlagung des Ordens waren Philipp der Schöne und Papst Clemens V. verantwortlich. Auf dieses Ereignis nimmt das Aufnahmeritual Bezug. In der maurerischen Selbstdarstellung heißt es über diese Stufe: „Zu den Graden, die heute nur noch ein geschichtliches Interesse haben, gehören in erster Linie die in unzähligen Pamphleten abgehandelten sogenannten ‚Rachegrade', in denen, dem Geschmack des achtzehnten Jahrhunderts entsprechend, von der immer nur symbolisch gemeinten Sühne für den Tod Hirams und des Templer-Großmeisters de Molay die Rede ist. Nur noch im XXX. Grad – Kadosch-Ritter – ist ernstlich von Vergeltung die Rede, aber in ganz sinnbildlicher Bedeutung: an der Darstellung des Opfertodes des letzten Templer-Großmeisters wird die Verpflichtung gezeigt, unablässig auch unter Selbstaufopferung, mit geistigen Waffen für Geistesfreiheit zu kämpfen."[155] Jouhaust sieht den Grad zum ersten Mal 1743 in Lyon verliehen, in seiner bekannten Polemik gegen die Hochgrade zögert er auch hier nicht, von einer „deviation antimaçonnique" zu sprechen.[156] Die „Dolchgrade", unter ihnen eben der Kadosch, hätten mit ihrem Racheschwur – „le mot d'ordre, Vengeance!" – nur den Maurerfeinden einen Vorwand zur Polemik geliefert.[157]

Die Tatsache eines Racheschwurs gegen jene, die Molays Tod verursacht haben, scheint communis opinio der maurerischen Mythologie wie auch der Forschung zu sein. „But in England this has been eliminated", fügt in schöner Offenheit ein maurerischer Historiker seiner Schilderung hinzu.[158] Nach den Angaben dieses Autors richtete sich die Zeremonie gegen den König Philipp und Papst Clemens V. – man zertrat eine päpstliche Tiara und eine Königskrone und schwor dabei „gerechte Rache". Bei dem gewiß nicht immer zuverlässigen Wit-Dörring findet sich eine malerische Beschreibung der Kadosch-Initiation: „Der Aufzunehmende wird in einen dunklen Gang geführt mit verbundenen Augen, am Ende desselben löst man ihm die Binde,

155 Artikel „Schottischer Ritus", in: Eugen Lehnhoff und Oskar Posner, Internationales Freimaurer-Lexikon, 1932. Vgl. Jouhaust, S. 50: „Rétablir l'Ordre du Temple dans sa puissance ancienne, venger Jacques Molay sur les descendants de Clement V et de Philippe-le-Bel, tel est la mission du Kadosch ou Kaès Templier (*Kaès, Kadosch,* homme saint ou purifié, illuminé)."

156 Jouhaust, S. 49

157 A.a.O., S. 31

158 J. S. Ward, Freemasonry and the Ancient Gods. Reprint Kessinger 1992, S. 222.

und er sieht in spärlicher Beleuchtung eine große prachtvoll gekleidete Gestalt auf einem Throne sitzend, entblößt sind Brust und Füße, in den Händen hält sie Scepter und sonstige Insignien der fürstlichen Gewalt, das Haupt deckt eine Krone, zusammengesetzt aus der päpstlichen Tiare und der Königskrone. – Der frère terrible, der den Aufzunehmenden führt, erhebt hierauf mit selbigem folgendes Gespräch: F. Bist du Kadosch? A. Sind wir gedeckt? – F. Ja, wir sind es. A. Ja, ich bin es. F. Welches ist dein Erkennungswort? A. Peter von Boulogne. F. Welches dein heiliges Wort? A. Jacob Molay. F. Kennst du die Verräter? – A. Ja, ich kenne sie. – F. Nenne sie mir. – A. Philipp der Schöne und Clemens der Siebente. (sic!) F. Willst du an den Verrätern uns rächen? A. Ja, ich will es. F. Wie kannst du es? – A. Durch den Mord aller Fürsten und aller Priester."[159] *Der Grad des „Ritters Kadosch" bedeutet für den Adepten auch den Empfang eines Dolches. Ein blutiges Ritual schloß sich an, über deren Einzelheiten man bei Wit-Dörring das Folgende liest: „Ist der Recipiendär von der Beschaffenheit, daß man seines physischen Muthes erst versichert sein will, so erhält er vor diesem Gespräche, und bevor ihm Worte, Zeichen, Attouchement und Batterie mitgetheilt werden, einen Dolch in die rechte Hand. Mit der Linken muß er die entblößte, warme, klopfende Brust der Gestalt berühren, ein blutiger Fleck bezeichnet ihm die Lage des Herzens, und er muß selbiges langsam durchbohren, wo ihm dann, so wie er es vollbracht, der heiße Blutstrom entgegen springt."*[160] *Nach anderen Quellen handelt es sich bei dem „Opfer" um einen ausstaffierten Hammel.*

Die Schilderung klingt so phantastisch, daß man sie kaum glauben möchte – wenn sich aus der Schrift eines deutschen Maurers aus dem neunzehnten Jahrhundert nicht ein sehr charakteristischer Hinweis auf den Wahrheitsgehalt ergäbe: Pyron „sagt, daß wegen der erfüllten Rache die Grade Kadosch und Elu nur noch communicirt werden sollten. Beides wurde erst am 27. November beschlossen und ausgeführt. Thory berichtet, daß am 2. April 1805 unter Hacquet's Vorsitz eine große Versammlung der Chevaliers Kadosch und feierliche Aufnahmen statt gefunden hätten, wobei er hinzusetzt, es sey dieses das letztemal gewesen, daß man diesen Grad mit Feierlichkeit nach allen seinen Einzelheiten ertheilt habe, er werde auf Verordnung

159 Ferdinand Johannes Wit, genannt von Dörring: Fragmente aus meinem Leben und meiner Zeit. Dritten Bandes Erste Abteilung. Leipzig 1828, S. 8f.

160 A.a.O., S. 10

des Supreme Conseil seitdem nur noch communicirt."[161] *Gerade aus solchen Kautelen und Reservationen der binnenmaurerischen Geschichtsschreibung kann man schließen, daß Wit-Dörring in diesem Fall wohl nicht weit von der Wahrheit entfernt war. Die merkwürdigste Transformation eines solchen Kadosch-Rituals finden wir in der „Juliette" des Marquis de Sade, der von einer „Loge des Nordens" unter dem Meister Brahé wissen will: „Hier gab Brahé eine kurze Analyse über die Geschichte der Templerorden. Nachdem er energisch seine Ansicht über die ebenso ungerechte wie abscheuliche Marter geäußert hatte, die Philipp der Schöne, König von Frankreich, Molay, ihrem letzten Großmeister, auferlegen ließ, nur in der Absicht, sich der Besitztümer seines Ordens zu bemächtigen, sagte er: ‚Sie sehen in uns die Oberhäupter der Loge des Nordens, die Molay selbst in der Tiefe seines Gefängnisses in der Bastille gegründet hat. Wenn wir Sie bei uns aufnahmen, dann nur unter der ausdrücklichen Bedingung, bei dem Opfer, das Ihnen präsentiert wird, die Rache dieses großen respektablen Meisters zu schwören und gleichzeitig die Eidesformeln zu erfüllen … Lesen Sie und sprechen Sie deutlich!' ‚Ich schwöre', sagte ich, ‚alle Könige der Erde zu vernichten, einen ewigen Krieg gegen die katholische Kirche und den Papst zu führen, die Freiheit der Völker zu rühmen und eine universale Republik zu gründen.' Man hörte einen furchtbaren Donnerschlag. Der Pavillon, in dem wir uns befanden, erzitterte. Durch eine Falltür erschien das Opfer; es hielt in beiden Händen den Dolch, mit dem ich es treffen sollte, und übergab ihn mir. Es war ein schöner junger Mann von sechzehn Jahren, vollkommen nackt. Ich nahm die Waffe und stieß sie dem Opfer ins Herz. Brahé ergriff einen Kelch aus Gold, nahm das Blut auf, ließ mich davon als erster trinken, präsentierte den Kelch allen, die da waren, und jeder trank, indem er ein barbarisches Wort aussprach, dessen Sinn lautete: Wir werden eher sterben, als einander verraten."*[162]

Marion Luckow vermutete im Kommentar zu dieser Passage, daß Sade seine Inspiration aus dem konterrevolutionären Pamphlet „Le Tombeau de Jacques Molai, ou Le secret des conspirateurs, a ceux qui veulent tout savoir" von Charles-Louis Cadet-Gassicourt bezogen habe, das 1796 erschienen war, ein Jahr vor der Publikation der

161 Georg Kloss, Geschichte der Freimaurerei in Frankreich aus ächten Urkunden dargestellt, 1725–1830. Band 1. Darmstadt 1852, S. 494

162 Donatien Alphonse François Marquis de Sade, Die Geschichte der Juliette oder Das Gedeihen des Lasters. Frankfurt am Main 1972, S. 203

„Juliette".[163] *Es mag sich im konkreten Fall so verhalten haben, aber Sade hatte den tatsächlich existenten dreißigsten Grad seinen literarischen Zwecken gemäß doch nur leicht umgeformt. Und auch er war Freimaurer gewesen – in der uns schon bekannten Loge der Neuf Soeurs, wie der mit Zuschreibungen überaus vorsichtige Charles Porset festgestellt hat.*[164]

Angelo de Gubernatis, Dichter und Sprachwissenschaftler, der später eine Nichte Bakunins heiratete, berichtet von einem Treffen im Januar 1865 in Florenz: „Bakunin erhob sich bald, näherte sich mir und drückte mir die Hand, indem er mich etwas geheimnisvoll fragte, ob ich kein Freimaurer wäre? Ich antwortete, daß ich es nicht sei und nicht sein möchte, da ich einen Widerwillen gegen jede geheime Gesellschaft hätte ... Bakunin sagte mir, daß ich recht hätte, auch er empfinde keine große Achtung vor der Freimaurerei, doch verschaffe sie ihm Mittel, etwas anderes vorzubereiten."[165] Tatsächlich gründete Bakunin 1864 eine geheime Gesellschaft, die „Internationale Bruderschaft", die eine soziale Revolution ins Auge faßte. Und in diesem Zusammenhang entstanden Bakunins Schriften zur Reform der Freimaurerei.[166]

Statuiert wird darin eine symbolische Ordnung der Freimaurerei, bei der an oberster Stelle die „Vernunft" (Raison) zu stehen kommt, darunter folgt die Trias von „Freiheit", „Gleichheit" und „Solidarität", schließlich „Gerechtigkeit" (Justice). Damit wende sich die Freimaurerei gegen die symbolische Ordnung der Theologie, die an die Stelle von Vernunft Offenbarung setze, an die von Freiheit, Gleichheit und Solidarität das „Privileg" und den „Despotismus", den „Egoismus" und die „Sklaverei" plaziere und an der Stelle der Gerechtigkeit die „Gnade" habe. Schließlich gehört zu diesen Oppositionspaaren noch das von „Arbeit" (Travail) in der säkularen Ordnung der Maurer, „Mildtätigkeit" (Charité) in der religiösen.

---

163 A.a.O., S. 288

164 „Mais si Mirabeau était maçon, il n'était pas le seul, et dans la longue liste des maçons authentiques il faudra aussi compter Calonne, Desmoulins et le ‚divin marquis' Alphonse, Donatien de Sade." Porset, Hiram Sans-coulotte?, S. 272, dort weitere Hinweise auf die fiktive „Loge des Nordens".

165 Zitiert nach Lehning, Gespräche, S. 214

166 Fragments d'écrits sur la Franc-Maçonnerie. Fragment A-G, été-automne 1865, in: Michel Bakounine, Œuvres complètes sur CD-ROM. Amsterdam 2000

Das Freimaurermanuskript, so schildert es Max Nettlau in seiner Geschichte des Anarchismus, „nimmt auf den berüchtigten Syllabus, die päpstliche Verdammung des menschlichen Denkens vom Dezember 1864 Bezug, und Bakunin mochte an die dadurch gesteigerte Empörung gegen das Papsttum anknüpfen, um auch die Freimaurerei oder ihren entwicklungsfähigen Teil weiter vorwärts zu treiben; er beginnt ja: ‚um wieder ein lebender und nützlicher Körper zu werden, muß die Freimaurerei ernstlich den Dienst der Menschheit wieder aufnehmen.'"[167]

Nun war zwischen der Kirche und der Freimaurerei schon seit den Anfängen der Bruderschaft im frühen achtzehnten Jahrhundert die entschiedenste Feindschaft gesetzt. Die Enzyklika „Quanta cura" von Papst Pius IX. (8. Dezember 1864) hatte das Verdikt der Apostolischen Konstitutionen erneuert, „durch welches die geheimen Gesellschaften, ganz gleich, ob von ihnen der Eid auf Geheimhaltung verlangt wird oder nicht, und deren Anhänger und Begünstiger mit dem Ausschluß aus der Kirche bestraft werden". Richtig hatte die Kirche nämlich erkannt, daß die Toleranzidee der Freimaurerei sich mit einer gewissen Konsequenz zum radikalen Laizismus entwickeln könne – zur Trennung von Kirche und Staat, zur Verdrängung vor allem aus dem Bereich der Kindererziehung.

Genau dies sollte ja Bakunin im „Revolutionären Katechismus" fordern – „Absolute Freiheit der religiösen Assoziationen, die übrigens keine politischen und bürgerlichen Rechte besitzen und sich nicht mit der Erziehung von Kindern werden beschäftigen können."[168] Man kann es als den Hauptunterschied von Marx und Bakunin ansehen: Für den Philosophen des „Kapitals" und des „Kommunistischen Manifests" war die Religion keine Frage mehr, die besondere Aufmerksamkeit oder Fundamentalpolemik erforderte – das hatte Ludwig Feuerbach bereits geleistet. Die sozialistische Gesellschaft würde für das Absterben der Religionen gleichsam zwanglos sorgen. Ganz anders Bakunin. Er war ein doktrinärer, sich vielfach wiederholender Religionsfeind, der noch auf dem Sterbebett, wie sein Freund Reclus berichtet, sein Leben re-

---

167 Max Nettlau, Der Anarchismus von Proudhon zu Kropotkin. Seine historische Entwicklung in den Jahren 1859–1880 (Geschichte der Anarchie Band 2). Glashütten 1972 (Reprint), S. 49

168 Michail Bakunin, Philosophie der Tat. Auswahl aus seinem Werk. Hrsg. von Rainer Beer. Köln 1968, S. 355

sümiert „und ihm die letzte Weihe gibt, indem er noch einmal den Schrei des achtzehnten Jahrhunderts ausstieß: ‚Ecrasons l'infame!'".[169] Und damit wiederum war er bei der Loge des Grand Orient, der auch Voltaire noch kurz vor seinem Tode beigetreten war, in seinem eigentlichen Element.

1868 entwarf Bakunin Programm und Reglement der Geheimorganisation der „Internationalen Bruderschaft und der Internationalen Allianz der Sozialistischen Demokratie".[170] Hier wollte er verwirklichen, was ihm mit den Reformplänen für die Freimaurerei mißglückt zu sein schien. Die neue Gruppe allerdings war nach dem Muster der Logen aufgebaut, sie gliederte sich in drei Grade: „Internationale Brüder" hießen die Obersten,

169 Zitiert nach Lehning, Gespräche, S. 376
170 Michail Bakunin, Gott und der Staat, S. 72 ff.

sozusagen die Meister, die „nationalen Brüder" entsprachen den Gesellen, schließlich, am unteren Ende, folgte die „halb geheime, halb öffentliche Organsiation der Internationalen Allianz der sozialistischen Demokratie".[171]

So liegt denn der Enzyklika „Quanta cura" durchaus ein realistisches Bild der Freimaurerei und ihrer radikaleren Adepten wie Bakunin zugrunde: „Nicht damit zufrieden, die Religion aus der Öffentlichkeit des Staates zu verdrängen, wollen sie die Religion selbst aus dem privaten Bereich der Familien fernhalten. Diese Menschen lehren den verderblichen und todbringenden Irrtum des Kommunismus und des Sozialismus ... Mit diesen gottlosen Meinungen und Umtrieben beabsichtigen diese Betrüger, vor allem die heilbringende Lehre und die Gewalt der katholischen Kirche aus dem Unterricht und aus der Erziehung der Jugend vollständig zu verbannen, und dadurch die noch beeinflußbaren Gemüter der Jugend mit der schädlichen Irrlehre und jeglichen Lastern anzustecken und zu verderben."

Die Lenker der Politik der europäischen Gemeinschaft, die dem mächtigen Bruderbund der Freimaurer angehörten, spürten, daß der Gemeinschaft die Exekutivgewalt fehlte. Die mit solcher Mühe errungene europäische Einheit drohte jeden Augenblick wieder zu zerfallen. Im Bundesrat oder der Weltverwaltung (*Comité permanent universel*) herrschte keine Eintracht, weil man nicht alle Stellen mit wirklichen, in die Dinge eingeweihten Freimaurern hatte besetzen können.

Wladimir Solowjew,
Kurze Erzählung vom Antichrist

Den Gegensatz zur Kirche genauer herauszustellen war Bakunins Hauptanliegen. Im Entwurf für einen „Catéchisme de la Franc-Maçonnerie moderne"[172] besagt der erste Artikel, daß alle Theologie abgeschafft sein müsse („Abolition de toute Théologie"). „Der Katechismus darf nichts anderes sein als die vollständige Exposition der Idee der Menschheit, in ihrem Gegensatz zur Idee der Gottheit." Die Existenz eines persönlichen, außerweltlichen Gottes, des Schöpfers und Herrn aller Dinge, sei unvereinbar mit der Vernunft und der Freiheit des Menschen. Aber auch ein pantheistischer, unpersönlicher, mit der Natur identischer Gott sei nichts als eine metaphysische Fiktion. Der zweite Artikel des „Katechismus" fordert das „Prinzip und den Kult der Humanität".

171 A.a.O., S. 77
172 Wie Anm. 166

Dieser Versuch einer Reform der Freimaurerei war nur eine Station auf dem Weg Bakunins, auf dem die Geheimgesellschaften einander beständig ablösen, auf dem „Allianzen" entstehen und innerhalb dieser wieder innere Komitees, verborgen vor den Genossen des äußeren Kreises – wer Bakunins Organisationsgedanken schildern wollte, käme auf das russische Muster der Puppe in der Puppe. Oft blieben diese Bünde reine Produkte von Bakunins Einbildungskraft, oder es wurden zu Werbezwecken Mitgliedsausweise vergeben, die phantastisch hohe Nummern trugen und so eine große Verschwörerzahl suggerieren sollten.

Aber weiterhin blieb für Bakunin die Freimaurerei das Hauptnetzwerk seiner Projekte. Als 1867 der erste Kongreß der „Friedens- und Freiheitsliga" in Genf tagte, auf dem man die „Vereinigten Staaten von Europa" ins Auge faßte, wurde er von dem späteren, erst 1874 der Grand Loge de France beigetretenen Freimaurer Jules Barni eröffnet. „Inmitten der hier versammelten internationalen Demokratie", so berichtet Grigorij Vyrubov, fühlte sich Bakunin „wirklich in seinem Element: Er organisierte Versammlungen, hielt Reden, verfaßte Projekte, Programme, Proklamationen."[173]

Und die erhebendste Szene ist die, in der sich zwei maurerische Brüder wieder in die Arme schließen: Als Bakunin, so fährt Vyrubovs Bericht fort, „mit schweren, ungeschickten Schritten die Treppe zum Podium, auf dem das Büro saß, erklomm – wie immer schlampig gekleidet, in einer Art grauem Kittel, unter dem man kein Hemd, sondern ein Kamisol aus Flanell sah –, ertönte der Schrei ‚Bakunin!' Garibaldi erhob sich von seinem Präsidentenstuhl, machte einige Schritte auf ihn zu und warf sich ihm in die Arme. Diese Begegnung zweier alter, erfahrener Kämpfer für die Revolution hinterließ einen außergewöhnlichen Eindruck. Obwohl es in dem riesigen Saal nicht wenige Gegner gab, sprangen alle auf, und der begeisterte Applaus nahm kein Ende."[174] Garibaldis Resolutionsentwurf sah unter Punkt 6 vor: „Das Papsttum als gefährlichste aller Sekten wird als abgeschafft erklärt." Das war kein leeres Gerede. 1867 zog Garibaldi zum letzten Mal nach Rom, in der Absicht, die päpstlichen Staaten und die Stadt zu „befreien" und sie zur Hauptstadt Italiens zu machen. Durch französische und päpstliche Truppen wurde er aufgehalten.

173 Zitiert nach Lehning, Gespräche, S. 225

174 A.a.O., S. 225 f.

Bakunin agierte schon im Schatten der von Marx gegründeten „Internationalen Arbeiter-Assoziation“. Das bedeutete für ihn, daß sozialistische Ziele mehr in den Vordergrund treten sollten. Beim sehr viel weniger besuchten zweiten Kongreß der „Friedens- und Freiheitsliga“ im September 1868 ließ er es deshalb zum Bruch mit der „bürgerlichen“ Mehrheit kommen. Albert Richard, zeitweise Bakunins Weggefährte, berichtet darüber: „Die Sozialisten bildeten auf dem Kongreß eine starke Minorität: fünf Franzosen, Elisée Reclus, Victor Jaclard, Aristide Rey, ein Pariser Arbeiter namens Bedouche und ich, der russische Revolutionär Zukovskij, der Positivist Vyrubov, der italienische Abgeordnete Fanelli, ein ehemaliger Oberst im Heer Garibaldis, und seine Landsleute Tucci und Gambuzzi. Bakunin organisierte uns als Gruppe.“[175] Man nannte sich „Groupe genevois de l'Alliance de la démocratie socialiste“.

Unter diesen waren Freimaurer: Elisée Reclus, der Geograph,[176] ebenso der alte Blanquist Victor Jaclard.[177] Der schon erwähnte Philosoph Grigorij Vyrubov war Bruder in der Pariser Loge *Mutualité*[178] und wechselte später zu einer Loge, die nach dem schottischen Ritus arbeitete; er bekleidete dort den 33. Grad, den höchsten also. Giuseppe Fanelli gehörte zu einer Loge,[179] auch Carlo Gambuzzi.[180] Saverio Friscia, von Richard nicht erwähnt, zählte gleichfalls zu dem Kreis, er war ein homöopathischer Arzt

---

175 A.a.O., S. 230

176 Offenbar aber nur für kurze Zeit. Die Aufnahme mag um 1864 stattgefunden haben. Vgl. Marie Fleming, The anarchist way to socialism. New Jersey 1979, S. 65: „A letter of 16 December 1894 leaves no doubt that he went through the ceremony of entrance into a masonic lodge. In the letter he stated that he had become a mason some 30 years earlier, but that he had only a ‚short experience‘ with the organisation.“ Allerdings hielt er weiterhin Vorträge in Logen. Elie Reclus, der Bruder von Elisée, war Bruder in der Loge *La Renaissance par les Émules d'Hiram*, die uns noch beschäftigen wird; die Loge verhalf ihm nach dem Fall der Commune zur Flucht aus Paris. Schließlich glaubt Marie Fleming auch Hinweise auf Kontakte zur Londoner Loge der *Philadelphes* erkennen zu können.

177 Vgl. zu Jaclards Logenmitgliedschaft: Lettres familières d'Auguste Blanqui et du docteur Louis Watteau. Hrsg. von Maurice Paz und Pierre Guiral. Marseille 1976, S. 238

178 Vgl. Acta Poloniae historica, Band 89. Warschau 1983, S. 98

179 Zu Fanelli vgl. Luigi Polo Friz, La massoneria italiana nel decennio post unitario. Milano 1998, S. 333

180 Zu Gambuzzi a.a.O., S. 168 und S. 273

aus Sizilien, Hoch-Freimaurer des 33. Grades und von beträchtlichem Einfluß in Süditalien.[181] Und natürlich Bakunin selbst. Das sozialistische Netzwerk der Liga war also zugleich ein in seiner Mehrheit brüderlich-maurerisches.

1872 bildete Bakunin eine neue klandestine Gruppe, die – in Italien – vermutlich „Alleanza socialista revoluzionaria" hieß.[182] Die einzigen internationalen Brüder aus Italien waren Carlo Cafiero (später nach Selbstmordversuchen in einer psychiatrischen Anstalt interniert, wo er 1892 starb), Carlo Costa, Lodovico Nabruzzi, Giuseppe Fanelli und der gerade erst neunzehnjährige Errico Malatesta, von Bakunin zärtlich „Benjamin" genannt. Wiederum finden wir Freimaurer oder solche, die es später wurden; nur zu Nabruzzi und Cafiero sah ich keinen Beleg. Costa dagegen wurde sogar eine der bedeutendsten Figuren des italienischen Grande Oriente.[183] Malatesta erklärte sich später über den Charakter dieser Gruppe: „Wir waren alle vor allem Mitglieder der geheimen Alliance und als solche erst gründeten wir Sektionen der Internationale, um ein Milieu zu haben, in dem wir für die Ideen und Ziele der Alliance wirken könnten. Die Internationale in Italien war nicht eine Föderation vorn Arbeitervereinen, sondern eine rein politische Gesellschaft für die Ziele der Allianz."[184] Malatesta seinerseits wurde erst am 18. Oktober 1875 Mitglied der Loge *I Figli di Garibaldi*, wo er, nach dem System der Alten und Angenommenen Schottischen Maurerei, indes nur den neunten Grad erreichte. Er hatte die Hoffnung, auch dort ein sozialistisches Netzwerk bilden zu können; der Plan scheiterte an den liberalen Logenbrüdern, und am 18. März 1876 endete diese Episode auch schon wieder. In der Zeitschrift „Umanità nuova" vom 7. Oktober 1920 wirft er in dem Artikel „A proposito di massoneria" einen kritischen Rückblick auf sein maurerisches Engagement: „Ich war Freimaurer, als ich etwas jünger als heute war".[185] In einem politischen Prozeß war Malatesta 1875 freigesprochen wor-

181 Zu Friscias Hochgrad vgl. George Woodcocks Standardwerk „Anarchism". University of Toronto Press, 2004, S. 277

182 Nettlau, Errico Malatesta. Das Leben eines Anarchisten. Berlin 1922, S. 42

183 Furio Bacchini, Un laico dell'Ottocento. Andrea Costa: Libero muratore, libero pensatore socialista, libertaria, Ed. Mandragora, 2001

184 Nettlau, Malatesta S. 43

185 A.a.O., S. 61

den. „Ich kam zurück im Schimmer einer gewissen Popularität, und die Freimaurer wollten mich als Mitglied haben. ... Ich erhob den Einwand meiner sozialistischen und anarchistischen Ideen, und man sagte mir, die Maurerei als für den unbegrenzten Fortschritt und der Anarchismus könne sehr gut sich in ihr Programm einfügen (sic); ich sagte, daß ich die traditionellen Eidesformeln nicht akzeptieren könne und man erwiderte, es würde für mich genügen zu versprechen, für das Beste der Menschheit zu kämpfen; ich sagte, auch, daß ich nicht gewillt sei, mich den lächerlichen ‚Prüfungen' der Initiation zu unterwerfen und erfuhr, daß sie in meinem Falle wegfallen würden. ... Ich nahm schließlich an, auch aus dem Grunde, daß mir die Idee kam, Bakunins fehlgeschlagenen Versuch zu wiederholen, die Freimaurerei zu ihren idealen Anfängen zurückzuführen und eine wirklich revolutionäre Gesellschaft aus ihr zu machen."[186] Einmal aufgenommen, war Malatesta von der Loge einerseits enttäuscht, traf aber auf begeisterungsfähige junge Männer, die sich seiner Propaganda gegenüber offen zeigten. Als aber der Liberale (und Freimaurer) Nicotera Ministerpräsident wurde und die Loge ihn in einer offiziellen Zeremonie begrüßte, nahm Malatesta seinen Abschied.[187]

---

186 A.a.O., S. 61f.

187 l.c., ebenso Édouard Boeglin: Anarchistes, francs-maçons et autres combattants de la liberté. Paris 1998, S. 203. Schließlich wertvoll zum Zusammenhang: Vittorio Gnocchini, L'Italia dei liberi muratori. Milano 2005, S 175.

Die Erste Internationale. Mit einem Exkurs zum Memphis-Ritus

Mit der sozialistischen Gruppe wollte sich Bakunin maßgeblichen Einfluß in der Marxschen Internationale verschaffen – während diese das Fußvolk der revolutionären Armee stellen sollte, glaubte Bakunin für sich und seinen Kreis an die Rolle eines Generalstabs. So jedenfalls sieht es Bakunins Biograph Carr, während die inneranarchistische Legende von einem Kampf des „freiheitlichen" Bakunin gegen den „autoritären" Marx spricht. Nun stand allerdings auch die Internationale von Beginn an unter dem Einfluß der *Loge des Philadelphes*, einer Gründung französischer Emigranten in London.[188] Die Philadelphier gehörten seit 1862 zum Grand Orient.[189]

Exkurs zum Memphis-Ritus

Die Philadelphier unterstanden dem Memphis-Ritus mit seinen 95 Einweihungsgraden.[190] Der oberste „Hierophant" des Ordens, der seinen Titel vom Oberpriester der eleusinischen Mysterien herleitete, war Jacques-Étienne Marconis de Nègre. Zu der Geschichte dieser Vereinigung erklärte er, der Ritus sei von einem „seraphischen Priester" aus Ägypten gekommen, dieser sei sodann, im Jahre 46 n. Chr., vom Evangelisten Markus bekehrt worden, und habe „die ägyptische Lehre nach christlichen Grundsätzen gereinigt".[191] Die Verbindung der ägyptischen, der christlichen und der salomonischen Weisheit habe man zunächst exklusiv gehütet, im Jahre 1118 aber an die Tem-

188 Boris I. Nikolaevsky, Secret Societies and the First International, in: The Revolutionary Internationals 1864–1943. Stanford University Press 1966

189 Vgl. La chaine d'union de Paris. Journal de la maçonnerie universelle, 1874, S. 104. Vgl. zur Präsenz der maurerischen Geheimgesellschaften in der Internationale auch Eric Hobsbawm, Primitive Rebels. London 1959, S. 39.

190 Vgl. Nikolaevsky: „The first Lodge of the Philadelphians in England was established at the end of 1850. Its constitution was ratified by the supreme Council of the Order (Conseil Suprême de l'Ordre de Memphis)". S. 39

191 Jouhaust, S. 464

pelritter weitergegeben. Weiter teilte der Hierophant mit, beim Memphis-Ritus handle es sich um den eigentlichen, den wahren und ursprünglichen Ritus der Maurerei – alles andere Logenwesen leite sich im Grunde von ihm her. Die in chaldäischer Sprache abgefaßten Urkunden befänden sich teils bei der schottischen Großloge in Edinburg, teils im Kloster der Maroniten auf dem Berg Libanon.[192] *Hier macht nun die Geschichte einen Sprung ins noch Unzuverlässigere: Sein Vater, so berichtet Marconis, sei von einem gewissen Samuel Honis in Kairo eingeweiht worden und habe den Ritus dann nach Frankreich gebracht. Unglaubwürdig ist dies deshalb, weil Marconis de Nègre, der Sohn, ursprünglich ein Adept des Misraim-Ritus gewesen war, bevor er 1838 dort endgültig ausgeschlossen wurde. Er fabrizierte sich die maurerische Autorität dann offenbar selbst,*[193] *von der eine Probe genügen möge: „Nous, Gr. Hièrophante, Souv. Pontife, Grand Maître de la Lumière, et membre composant le Gr. Empire de l'Ordre maçonnique de Memphis: faisons savoir...". 1850 ging Marconis de Nègre nach London und gründete dort eine Loge, die vor allem politische Flüchtlinge aus Frankreich anzog, unter ihnen Louis Blanc, den sozialistischen Minister der Zweiten Republik.*[194] *Gerade diese Gruppe, von der man Turbulenzen befürchten mußte, war den englischen Logen unwillkommen, selbst der Grand Orient, der mit Napoléon III. in einem prekären Frieden lebte und zunächst polizeilicher Überwachung unterstanden hatte, bis 1852 Napoléon Lucien Murat, ein Verwandter des Kaisers, als Großmeister eingesetzt wurde, wollte sich zunächst nicht mit den politischen Exilanten kompromittieren. Erst 1862 kam der Memphis-Ritus wieder unter den Schirm des Grand Orient. Boris Nikolaevsky hat von den Memphis-Logen gesagt, sie hätten in einer wunderliche Mischung aus vermeintlich östlicher Mystik und offensichtlichen linken Sympathien ihrer Führung oszilliert, was ein befremdliches Bild biete.*[195] *Im Londoner Exil war Louis Blanc Mitglied des Obersten Rates des Memphis-Ritus, ohne deshalb auch Mitglied der Philadelphier zu sein, die er ja von seiner Hochgrad-Position aus unbemerkt steuern konnte – so jedenfalls lautet der*

---

192 Jouhaust, S. 466

193 Rebold, S. 594

194 „Cette loge avait cependant recruté parmi les réfugiés politiques des hommes très-marquants, tels que le Fr. Louis Blanc et autres." Rebold, S. 597

195 „An odd mixture of pseudo-Eastern mysticism and obvious leftist political sympathies on the part of the leaders of the order leaves a strange impression". Nikolaevsky, S. 38

Reim, den sich Nikolaevsky auf die Angelegenheit machte.[196] *Zum Obersten Rat der Philadelphier merkt Nikolaevsky an, dieser habe sich 1855 ausschließlich aus Republikanern und Sozialisten zusammengesetzt, die in der Nationalversammlung 1848/49 auf der äußersten Linken gestanden hatten. Aber so merkwürdig, wie Nikolaevsky annahm, war diese esoterisch-radikalistische Mischung nicht; vielmehr prägte sie schon den Misraim-Orden. Deshalb ist es wohl kein Zufall, daß die beiden Organisationen sich unter politischen Vorzeichen einigten. Es war Garibaldi, der 1881 in Italien die Misraim- und die Memphis-Logen zusammenführte.*[197] *Der neue Ritus, Memphis-Misraim, hatte nun 98 Grade.*

Der Anteil der Philadelphier bei der Gründung der Internationale sei enorm gewesen, schreibt Nicolaevsky, vor allem erwähnt wird Victor Le Lubez, der die Sitzung des 28. September 1864 organisierte, bei der der Generalrat der Internationale gewählt wurde. Bei alldem sei nicht zu verkennen, daß die verschwiegene Praxis der Loge beibehalten wurde, auch innerhalb des neuen, größeren Organisationsrahmens der Arbeiterbewegung. Die Philadelphier hätten, wo immer es ihnen möglich war, ihre eigenen Leute in die führenden Positionen der Internationale gebracht: „Der Generalrat … war von Le Lubez ausgewählt worden, er schloß eine große und einflußreiche Gruppe von Philadelphiern ein."[198] Von den zunächst acht nichtenglischen Mitgliedern gehörten sechs zur Loge, von den später neun Franzosen acht. Johann Philipp Becker, Veteran schon des Hambacher Festes und der deutschen Revolution von 1848, enger Freund von Marx und Engels, schrieb im November 1865, bei der Internationale handele es sich nach Form

196 „Blanc, as the Council's chief speechmaker, was able to direct its policy, and, at the same time, to influence the policy of the Lodge of the Philadelphians without officially becoming a member." Nikolaevsky, S. 42

197 Vgl. Henrik Bogdan, Western Esotericism and Rituals of Initiation. State University of New York Press, 2007, S. 102

198 Nikolaevsky, S. 51. In der Forschung wird für Le Lubez auch die Loge *La Concorde* erwähnt, „lequel avait joué un grand rôle lors de la fondation de l'Internationale". Vgl. Daniel Dayen, Martin Nadaud, maçon et deputé. Saint-Paul 1998, S. 138. 1866 wurde Le Lubez aus dem Generalrat der Internationale ausgeschlossen. Man warf ihm bonapartistische Sympathien vor; der marxistischen Geschichtsschreibung gilt er als „kleinbürgerlicher Demokrat".

und Wirkung um eine erneuerte, verjüngte und kraftvolle Freimaurerei der Arbeiterklasse.[199]

Die Philadelphier waren nicht die einzigen Freimaurer, die für die Internationale bedeutsam wurden. Moses Hess hielt vom Pariser Grand Orient aus, und zwar von der Loge *La Renaissance par les Émules d'Hiram*, die Verbindung zur Internationale, ohne schon Mitglied dort zu sein; erst im Sommer 1868 schloß er sich der Internationale an.[200] In der Loge gehörte Hess zu den angesehenen und aktiven Maurern.[201] Sein Vortrag über die Grundlagen der Moral, den er in der Loge hielt, wurde vom Zentralorgan des Grand Orient *Le monde maçonnique* im März 1864 veröffentlicht. Zunächst war Hess am 4. November 1858 als Lehrling in die Loge *Henri IV* des Grand Orient aufgenommen worden.[202] Am 19. Mai 1859 erhielt er dort das Diplom eines Meisters.[203]

Die Verbindung zwischen sozialistischer Arbeiterbewegung und Loge war nun eine Aufgabe, die der bedeutenden Persönlichkeit von Hess durchaus angemessen war. Sie ist in ihren Oszillationen nicht leicht zu beschreiben. Wenn Hess gleichzeitig Maurer, Sozialist in der deutschen Arbeiterbewegung Lassalles – dem „Allgemeinen Deutschen Arbeiterverein" –, Frühzionist und dazu noch ein glühender Verehrer Frankreichs war, so erschien ihm das nicht als ein Bündel von Widersprüchen, sondern als durchgehaltene Idee der Gerechtigkeit, die ihn zeitlebens beseelte. Die Gerechtigkeit war von Frankreich nach Deutschland in Gestalt der Emanzipation der Juden gekommen; sie manifestierte sich in den sozialistischen Bewegungen als Ideal, und sie führte auf die Propheten Israels zurück.

---

199 Nikolaevsky, S. 230. Unter den Marxisten jener Zeit ist Marxens Schwiegersohn Paul Lafargue zu erwähnen, Verfasser des hübschen Buches „Das Recht auf Faulheit", zusammen mit Jules Guesde Gründer des „Parti Ouvrier", der ersten marxistischen Partei in Frankreich. Er gehörte zur Loge *L'Avenir.* Vgl. Dictionnaire biographique du mouvement ouvrier français. Hrsg. von Jean Maitron. Paris 1964, S. 167. Guesde dagegen war kein Freund der Maurer, die ihm als bloße bürgerliche Atheisten erschienen. Die Beziehungen zwischen der Arbeiterpartei in Franreich und den Logen waren, trotz zahlreicher Doppelmitgliedschaften, nicht ohne Spannungen. Der zweite Schwiegersohn von Marx, Charles Longuet, war gleichfalls Maurer. Vgl. Nikolaevsky, S. 37

200 Silberner, S. 571

201 A.a.O. S. 472

202 A.a.O., S. 355

203 A.a.O., S. 357

So scheute sich Hess auch nicht, für die bonapartistische „Revue Contemporaine" zu schreiben, Frankreich solle weder Preußen noch Österreich unterstützen, „sondern dem deutschen Volk in dem Kampfe gegen seine eigenen Unterdrücker Hilfe leisten".[204] Dieser Text erschien, als er den Kölner Zweig des „Allgemeinen Deutschen Arbeitervereins" leitete. Und schon vorher, 1859, zur Zeit seiner Mitgliedschaft in der Loge *Henri IV*, hatte er zusammen mit Hermann Ewerbeck (den wir vom „Vorwärts!" her kennen) sogar einen Brief an den französischen Kaiser geschrieben und ihm die Loyalität der deutschen Arbeiter versichert: „Das Volk hat den instinktiven Glauben, daß seine Geschicke von denen Frankreichs abhängen, und für das Volk ist, ich gestehe es, der Name Napoleon stets untrennbar von der providentiellen Mission, die es der französischen Nation zuschreibt."[205] Die Unterdrückten in Deutschland gedächten mit Sympathie dieses „Heiligen Landes … von welchem ihre erste Befreiung ausgegangen ist."[206]

Man kann Moses Hess aber nicht absprechen, daß er ein eminent politischer, ja visionärer Kopf war, der über den aktuellen Klassenkampf hinausdenken konnte. Im Kristall der ihm eigenen Version des Junghegelianismus hatte er immerhin zwei große Ereignisse vorausgesehen: Die Gründung eines jüdischen Staates auf dem Boden Palästinas, und eine Kriegskoalition Frankreichs, der Vereinigten Staaten und Rußlands gegen Deutschland.

Und auch die Loge *Renaissance*, der er nun – wahrscheinlich aus politischen Gründen – beitrat, bewegte sich in diesem Gedankenkreis. Ihr Stuhlmeister seit 1862, Alexandre-Marie Massol, der zum engen Freund von Hess wurde, hatte bei der Beerdigung Proudhons im Maurerschurz gesprochen.[207] Objektiv war Moses Hess der Liaisonoffizier zwischen der Loge, den Lassalleanern in Deutschland und der Internationale – trotz unendlicher Intrigen, die sich im Briefwechsel von Marx und Engels aus dieser Zeit finden. Hess kannte Massol und Marx, die einander vorher nicht gekannt hatten, dann aber Mitte der sechziger Jahre Kontakt aufnahmen. Die Freimaurerei, so schildert es sein Biograph Silberner,

204 A.a.O., S. 464

205 A.a.O., S. 364

206 l.c.

207 Vgl. Pierre Haubtmann: Pierre-Joseph Proudhon. Sa vie es sa pensée. Paris 1982 (Reprint), S. 567

„die damals ein wichtiges Zentrum republikanischer Propaganda war, diente ihm als Treffpunkt mit radikalen Demokraten und als Tribüne zur Verbreitung seiner eigenen Ansichten. Hess, der formell immer noch der Loge *Henri IV* angehörte, verlegte den Schwerpunkt seiner Tätigkeit in eine andere Loge des Groß-Orients, die wegen ihrer demokratischen Tendenz zu den renommiertesten gehörte: *La Renaissance par les Émules d'Hiram*, die ihn offiziell am 21. März 1864 aufnahm. Ihrer Zusammensetzung nach war sie viel mehr ‚intellektuell' als die erstgenannte". Daß ihre Tendenz „demokratisch" gewesen sei, ist eine höfliche Camouflage ihrer wirklichen Ideenwelt; die Historikerin Lynn L. Sharp sieht, allerdings für eine spätere Phase, Feminismus, Sozialismus und Gesellschaftsreform als Hauptanliegen der Mitglieder an.[208] Mitglieder waren nach Philipp G. Nord auch Elisée und Elie Reclus, glaubenslos gewordene Protestanten und Freunde Bakunins.[209] In der *Renaissance* fanden sich zudem alte blanquistische Verschwörer der „Gesellschaft der Jahreszeiten" wie Germain Casse, den man später in der Commune wiedertrifft.

Hess berichtete insgesamt viermal in der lassalleanischen Parteizeitung „Social-Demokrat" über die Loge und über Massol als „Chef der radikalen Partei".[210] Massol, der Stuhlmeister, hatte sich

208 Secular spirituality. Reincarnation and Spiritism in Nineteenth-Century France. Lexington Books 2006, S. 30: „The membership of the lodge of *La Renaissance par les Émules d'Hiram* promoted feminism, socialism and reformist projects throughout the Third Republic." Philipp G. Nord schreibt, die Loge habe sich zusammengesetzt aus „seekers for the absolute, legatees of utopian socialism, radical republicans." In: The Republican Moment. Struggles for Democracy in Nineteenth-Century France. Harvard University Press 1995, S. 23

209 Allerdings hatte der zeitweilige Logenchef Riche Gardon, der vor Massol amtierte – ein 1811 geborener Buchhändler –, 1859 eine „Doctrine democratique" veröffentlicht. Seine weiteren Schriften, teils maurerischen, teils sozialphilosophischen Inhalts, frappieren durch ihre extravagant ausufernden Titel: „Moral socialiste ou civile. Mathematiquement expliquée par les lois providentielles du monde moral, et synthese sociale" (1851), „Providentialisme. Science Générale. Révélation directe par les lois vives constitutives de tous les êtres: Philosophie et christianisme rationnels, ou religion positive universelle" (1854), „Exercices de la chevalerie internationale, l'initiation ancienne et moderne à l'ordre moral, universel et social, parallèle de cette initiation avec les doctrines de la morale indépendante de Dieu, par les réceptions de l'une et de l'autre de ces Sociétés" (1867). Er gab auch ein maurerisches „Journal des initiés" heraus.

210 Silberner, S. 472 f.

wiederum erboten, Marxens „Inauguraladresse der Internationalen Arbeiter-Assoziation“ vom September 1864 durch Elie Reclus übersetzen zu lassen. Zwar hatte Marx im April 1865 ein Schreiben von Léon Fontaine aus Brüssel erhalten, das die Vorbehalte des klassenbewußten Arbeiters gegen die bürgerlichen Maurer deutlich aussprach – „Qu'est-ce-que le prolétariat a de commun avec les églises maçonniques?“ – aber er wurde von Victor Schily im Mai beruhigt, der ihm versicherte, in Paris seien in der Loge „oppositionelle mitunter revolutionäre Führer u. ein gut Theil dito Arbeiter, indem der Zutritt außerordentlich leicht ist.“[211] Weiter heißt es dort zu Fontaines Bedenken: „Freund Fontaine in Brüssel scheint mir übermäßig allarmirt zu seyn über Fribourg's Gebahren pcto Maurerei. Zunächst wollte Frib. urbi et orbi anzeigen, daß er Maurer geworden sey und daß er die Internationale repräsentire, also lediglich Wichtigthuerei. Sodann ist die hiesige maçonnerie nicht so ungünstig anzusehen, als man mit Hinblick auf den grand maitre Magnan anzunehmen berechtigt scheinen dürfte. Gerade weil dieser Abentheurer aufoktroyiert wurde, hat sich eine entschiedene Opposition hervorgethan u. befestigt. Massol z.B. ist Sprecher der Loge, zu welcher meines Wissens Frib. gehört.“ Der hier erwähnte Fribourg wiederum erinnerte sich in seinem Buch „L'Association Internationale des Travailleurs“ (Paris 1871), man habe von der Seite der Internationale her die Pariser Freimaurerei infiltriert: „Dans le meme moment et par l'intermédiare de Fribourg, l'internationale pénétrait dans la franc-maçonnerie parisienne où elle recrutait force sympathie.“[212] Marx war auch daran gelegen, Auszüge des „Kapital“ durch die Kontakte mit der Pariser Loge in Verbreitung zu bringen,[213] womit erst Moses Hess und dann wieder Elie Reclus beauftragt wurden; der Plan einer Übersetzung scheiterte, obwohl sich Massol sehr dafür eingesetzt hatte, an der Arbeitsüberlastung von Hess und den hohen Honorarforderungen von Reclus.

1865 demissionierte Hess aus der *Renaissance*. Die Loge *Henri IV* führte ihn noch bis zum Frühjahr 1866, dann erlosch auch dort seine Mitgliedschaft wegen nichtgezahlter Beiträge. German Mäurer – ein eifriger Mitarbeiter des „Vorwärts!“ von

211 Karl Marx/Friedrich Engels, Gesamtausgabe. Dritte Abteilung, Bd.13: Briefwechsel Oktober 1864 bis Dezember 1865. Berlin 2002, S. 464.

212 A.a.O., S. 1110

213 Silberner, S. 560 f.

1844 – war es, der im Namen des Grand Orient die Bitte von Sibylle Hess um eine Bestellung je eines Exemplars der postum erschienenen „Dynamischen Stofflehre“ für jede französische Loge ablehnen mußte – nur wenige der Brüder sprachen deutsch. Stattdessen bot er ihr eine einmalige Zahlung an. Das „Bulletin du Grand Orient de France“ gedachte im August 1878 des verstorbenen Bruders: „Le F. Maurice Hess, homme de lettres, d'origine allemande, a été initiée à la Franc-Maçonnerie à Paris, en 1859 (recte: 1858). Son dévouement à la France et aux idées françaises s'est constamment manifesté et surtout lors de la guerre de 1870. L'estime des tous les Frères qui l'ont connu est restée acquise.“[214] Daß Hess die Loge verlassen hatte, wurde mit keinem Wort erwähnt. Übrigens hatte auch seine Freundschaft mit Massol durch den Abschied von der Maurerei keine Abkühlung erfahren. Was Hess zur Beendigung seiner Logenmitgliedschaft führte, ist nicht eindeutig auszumachen. Es mag sein – Silberner legt den Schluß nahe –, daß es sein stärkeres Engagement für die jüdische Sache war, das ihm nun dringlicher erschien. Seit 1863 schrieb er für die Pariser „Archives israélites“. Zwei seiner maurerischen Freunde, Alexander Weill und Leon Hollaenderski, waren dort gleichfalls publizistisch tätig.

Es war also alles andere als ein leerer verschwörungstheoretischer Wahn,[215] wenn die päpstliche Enzyklika von Kommunismus, Sozialismus und Gottlosigkeit als den zeitgenössischen Hauptgefahren im Zusammenhang mit den „geheimen Gesellschaften“ sprach. Vielmehr kann man darin eine Momentaufnahme jener Epoche der sechziger Jahre des neunzehnten Jahrhunderts sehen, zu der Bakunins italienische Konnexionen und seine Freimaurermanuskripte ebenso gehören wie die Gründung der Internationale und die konspirativen Versuche in der Genfer Friedensliga.

---

214 A.a.O., S. 641

215 Als solcher erscheint er Rogalla von Bieberstein, op. cit., dort S. 199 über eine „neue Funktion der Verschwörerthese“ bei dem Jesuiten Pachtler, der 1871 von den „Grundsätzen der Loge“ in der Internationale sprach.

Die Pariser Commune

Am 19. Juli 1870 erklärte Napoleon III. Preußen den Krieg. Wer von den internationalen Revolutionären einmal Eingeweihter des Grand Orient gewesen war, nahm sogleich Partei für Frankreich, trotz des „Bonapartismus". Bakunin schrieb Ende September 1870, er sei nach Frankreich geeilt, weil er die „hohe Überzeugung hatte, daß die Sache Frankreichs heute die der Menschheit geworden ist und daß sein Sturz, die Knechtung unter ein Regime, das ihm von den Bajonetten der Preußen aufgezwungen werden würde, das größte Unglück wäre, das vom Gesichtspunkt der Freiheit und des menschlichen Fortschritts, über Europa und die Welt kommen kann."[216] Moses Hess, der die französische Stimmung kannte, die seit 1866 auf einen Krieg gegen Deutschland hinauslief, identifizierte sich ganz mit seinem Gastland: „In der Tat ist es nicht das Kaiserreich, es ist das revolutionäre Frankreich, gegen das Preußen und seine Verbündeten zum letzten Male ihren ganzen Hass und ihre ganze Eifersucht entfesseln, um dem ‚Herd der Revolution' ein Ende zu machen."[217] Seinen Freunden vom sozialdemokratischen „Volksstaat" in Deutschland übermittelte er seine Gedanken am 21. August 1870. Die Redaktion konnte sie, aus verständlichen Gründen, nur mit Auslassungen veröffentlichen, die wir hier kursiv wiedergeben: „Es bedarf aber des Sieges des französische Volkes *über Preußen, den Feind Frankreichs, Deutschlands und der europäischen Menschheit,* um zur universellen sozialen Republik zu gelangen. *Wann wird er erfolgen? Sollten die Katalaunischen Ebenen, wo einst Europa von der Hunnenherrschaft, von Attila befreit wurde, auch diesmal wieder der Schauplatz des Sieges über die modernen Hunnen, über die ‚Westkalmücken' sein? – Oder werden sie ihr Grab erst unter den Mauern*

216 Michail Bakunin, Das knutogermanische Kaiserreich und die soziale Revolution. In: ders., Staatlichkeit und Anarchie, S. 215

217 Silberner, S. 621

von Paris finden?"[218] Vom Standpunkt der deutschen Arbeiter mochte das befremdlich klingen, wenn man aber die in Frankreich selbst unter dem Bonapartismus unvergleichlich fortgeschrittenere Emanzipation der Juden zum Maßstab nahm, lag die Logik am Tage. Frankreichs Regierung wies ihn als Angehörigen der feindlichen Nation aus, Hess ging am 5. September nach Brüssel.

Damals hatte Bismarck bereits vergleichsweise moderate Friedensbedingungen angeboten. In Paris revoltierte daraufhin das Volk, Napoleon III. wurde abgesetzt und die Dritte Republik ausgerufen. Unter Léon Gambetta bildete sich eine „Regierung der nationalen Verteidigung". Gambetta war in Marseille 1869 in die Loge *La Reforme* aufgenommen worden.[219] Man erließ einen Aufruf an die Bevölkerung zur Fortsetzung der Kämpfe und rekrutierte in den Provinzen neue Soldaten. Seit dem 19. September wurde Paris dann von preußischen Truppen belagert und seit Ende des Jahres beschossen. Ende Januar kapitulierte Frankreich. Am 17. Januar hatte Adolphe Thiers die Regierungsgewalt übernommen und die Regierung (ebenso wie die Nationalversammlung, die in Bordeaux getagt hatte) aus dem Unruheherd Paris nach Versailles verlegt. Nun entwickelte sich ein Konflikt zwischen der hauptstädtischen Nationalgarde und Versailles mit revolutionärer Dynamik. Zunächst hatte die Nationalgarde die Macht. Am 26. März fanden in Paris Wahlen statt, die zu einer breiten linken Mehrheit führten und gleichzeitig von einer starken freimaurerischen Präsenz zeugten.[220] In Paris und den Vororten gab es 1870 rund 6 500 Logenbrüder, davon gehörten 4 400 zum Grand Orient. Die bürgerliche Regierung Thiers hatte nur

218 A.a.O., S. 623. Isaiah Berlin spricht in seinem Hess-Porträt anläßlich des Deutsch-Französischen Krieges wie selbstverständlich von „Bismarck's aggression". Vgl. Berlin, Against the Current. Essays in the history of ideas. London 1980, S. 246

219 Vgl. Werden und Vergehen einer Demokratie. Frankreichs Dritte Republik in neun Porträts. Hrsg. Von Günther Fuchs, Udo Scholze und Detlev Zimmermann. Leipzig 2004, S. 9

220 Die Namen mit Angabe der Fraktionszugehörigkeit findet man in der vorzüglichen Studie von André Combes, La Franc-maçonnerie parisienne en 1871: conciliateurs et communards. In: La commune de 1871. L'événement, les hommes et la memoire. Institut des études régionales et des patrimoines. Hrsg. von Michelle Perrot, Jacques Rougerie und Claude Latta. Saint-Etienne 2004, S. 62

Freimaurer an den Verteidigungsstellen der Communarden, Ende April oder Anfang Mai 1871, nach einem zeitgenössischen Stich

einen freimaurerischen Minister, Jules Simon. Die Pariser Logen waren anfangs für die Versöhnung zwischen den beiden Lagern eingetreten, die sich nun in einen Bürgerkrieg verwickelten. Selbst unter linksorientierten Maurern gab es einige, die die Chancen der Commune realistisch beurteilten und zu einem Ausgleich mit Versailles rieten. Am 8. April lud die Loge *Les Disciples du Progrès* zu einer Debatte, die mit der Verabschiedung eines Manifestes endete, das zum Waffenstillstand im innerfranzösischen Bruderkrieg aufforderte. Man entsandte eine maurerische Abordnung nach Versailles, die von dem maurerischen Minister Simon empfangen wurde, erhielt aber von ihm nur die erneute Forderung nach einer Kapitulation von Paris. Neue Delegationen erreichten dann immerhin einen Waffenstillstand, der am 25. April zwischen 9 und 17 Uhr Gelegenheit zur Evakuierung der Zivilbevölkerung einzelner Quartiers gab. Am 30. entschlossen sich die Freimaurer zum Kampf gegen die Truppen von Versailles, dabei angetan mit ihren Logenabzeichen, um öffentlich zu demonstrieren, daß die Ziele der Commune und die ihrer Bruderschaften identisch waren.

In der für die französische Linke maßgeblichen Geschichte der Pariser Commune aus der Feder von Prosper Lissagaray, einem Zeitgenossen und Mitstreiter dieser Revolutionsbewegung (deutsch 1971, zum hundertsten Jahrestag, in der Edition Suhrkamp wieder aufgelegt), lesen wir vom „mutigen Betragen“ der Freimaurer angesichts der drohenden Niederschlagung der Commune durch die Regierung Thiers.[221]

Die freimaurerische Solidarität mit der Commune firmiert hier unter dem Begriff des „Anschlusses des Kleinbürgertums an das Volk“. In den dramatischen Tagen vor dem Ende der Commune, so der Chronist, zogen die Freimaurer „auf den Antrag Ranviers ... mit ihrer Fahne vor das Stadthaus. Der Rat empfing sie im Ehrenhof. ‚Wenn die Freimaurer‘, sagte ihr Redner Thirifocq, ‚nicht gleich zu Anfang handeln wollten, so geschah es nur, weil es ihnen um den Beweis zu tun war, daß Versailles wirklich von keiner Vermittlung hören will. Heute sind sie bereit, ihre Banner auf den Wällen aufzupflanzen. Wenn nur eine einzige Kugel sie trifft, so werden sie mit demselben Ungestüm gegen den gemeinsamen Feind marschiren.‘ Auf diese Erklärung jauchzt man Beifall und umarmt einander; Jules Vallès überreicht im Namen der Commune seine rothe Schärpe, welche um die Fahne gewickelt wird; eine Delegation des Raths geleitet die Brüder zum Freimaurertempel in der Rue Cadet.“[222]

Zwar protestierten „einige reactionäre Freimaurer durch Anschlagzettel“, dennoch versammelten sich drei Tage nach der ersten Bündniserklärung „10 000 Brüder“, welche fünfundfünfzig Logen vertraten, zu einem symbolisch hoch aufgeladenen Akt. „Sechs Mitglieder des Raths führten sie durch die Menge und durch die in Spalieren aufgestellten Bataillone hindurch, auf das Hôtel de Ville. Eine ernste feierliche Musik eröffnete den Zug, ihr folgten höhere Offiziere, die Großmeister, die Mitglieder des Raths und die Brüder mit ihrem breiten Band von blauer, grüner, weißer, roter oder schwarzer Farbe, je nach dem Grad; sie waren um fünfundsechzig Fahnen geschart, welche noch nie das Tageslicht gesehen hatten. Die weiße Fahne von Vincennes, welche voranging, zeigte in roten Lettern den brüderlichen und revolu-

221 Prosper Lissagaray, Geschichte der Commune von 1871. Frankfurt am Main 1971, S. 228

222 A.a.O., S. 229

tionären Wahlspruch: ‚Liebet euch untereinander!' Eine Frauenloge wurde mit besonderem Beifall empfangen."[223]

Die Vereinigung von Kleinbürgertum und Proletariat, so schildert Lissagaray die Szene, habe noch die „Mutlosesten belebt". Man überreicht den Freimaurern eine rote Fahne: „Sie soll eure Fahne begleiten. Keine Hand vermöge fortan uns gegen einander zu führen, als um uns zu umarmen." Noch einmal zeigt man mit den drei Punkten ein entscheidendes Freimaurersymbol: „Als die Delegirten das Stadthaus verließen, stieg ein freier Ballon mit den drei symbolischen Punkten bezeichnet auf, und streute das Manifest der Freimaurerschaft in die Lüfte."[224] Am 24. Mai erscheint im „Journal Officiel" der Aufruf von Émile Thirifocq, der sich an die „Maurer aller Riten und aller Grade" richtete: „Brüder, die Commune, Verteidigerin unserer heiligen Prinzipien, ruft euch zu sich. Ihr habt den Ruf gehört; unsere Banner sind zerrissen von den Kugeln und versehrt von den Granaten unserer Feinde. Ihr habt heldenhaft geantwortet: fahrt nun fort mit der Hilfe ... Die Anweisung, die wir in unseren ehrenwürdigen Ateliers empfangen haben, befiehlt jedem von uns, allen, die heilige Pflicht, der wir zu folgen haben. Glücklich, wer in diesem heiligen Kampfe fällt."[225]

Auch Marx war dieses Bündnis nicht entgangen. In einem Interview mit der Zeitung The New York World, die andeutete, daß die Arbeiter die Instrumente einer Verschwörung innerhalb der Commune gewesen seien, erklärte er: „Mein lieber Herr, es gibt gar kein Geheimnis zu lüften (...), es sei denn das Geheimnis der menschlichen Dummheit bei jenen, die beharrlich die Tatsache ignorieren, daß unsere Assoziation in der Öffentlichkeit wirkt und daß ausführliche Berichte über ihre Tätigkeit veröffentlicht werden für alle, die sie lesen wollen." Die Kommune könnte, nach der Logik der Zeitung, „genauso eine Verschwörung der Freimaurer

223 A.a.O., S. 230

224 A.a.O., S. 230

225 „Aux francs-maçons de tous les rites et de tous les grades. Frères, la Commune, défenseur de nos principes sacrés, vous appelle à elle. Vous l'avez entendu et nos bannières sont déchirées par les balles et brisées par les obus de nos ennemis. Vous avez repondu heroiquement: continuez avec l'aide de tous les compagnonnages. L'instruction que nous avons recue dans nos respectables ateliers dictera à chacun des nous, à tous, le devoir sacré que nous avons à remplir. Heureux ceux qui succomberont dans cette lutte sainte." Zitiert nach Combes, La Franc-maçonnerie parisienne en 1871, S. 68

gewesen sein, denn ihr individueller Anteil war keineswegs gering. Ich wäre wirklich nicht erstaunt, wenn der Papst ihnen den ganzen Aufstand in die Schuhe schieben würde. Doch versuchen wir, eine andere Erklärung zu finden. Der Aufstand in Paris ist von den Pariser Arbeitern gemacht worden."[226]

Aber bis heute bekennt sich der Grand Orient alljährlich zur Commune. Man ehrt gemeinschaftlich ihre Märtyrer, man erinnert an jene Brüder, die sich bei diesem ersten kommunistischen Machtergreifungsversuch engagierten. Am 1. Mai 2007 versammelte sich der Grand Orient auf dem Kommunarden-Friedhof Père-Lachaise, wo der Großmeister Jean Michel Quillardet Blumen niederlegte, einmal am Grab des Logenmitglieds Jean Baptiste Clement, zum anderen am „Mur des Fédérés", wo man gemeinsam das Lied „Zeit der Kirschen" sang (Le Temps des Cerises), das als Hymne auch von den Kommunarden auf den Barrikaden angestimmt worden war. Möglich ist diese Integration ins gemeinsame maurerische Gedenken deshalb, weil die Commune nicht nur eine Bewegung von Kommunisten war, sondern auch die Züge einer chauvinistisch-plebejischen Revolte zur Rettung des Vaterlands trug. Dennoch: Es gab 1871 auch Provinzlogen, die angesichts der realen Greuel der Commune – genannt sei die Erschießung von siebzig Geiseln, unter ihnen der Erzbischof von Paris – und wegen der ihr zugeschriebenen Brandstiftungen auf Distanz gingen. Nur eine einzige Loge verurteilte ausdrücklich das kommunistische Experiment.

Die überlebenden Revolutionäre gingen nach der Niederschlagung ins Exil. Nach einer Amnestie konnten sie zurückkehren, und nun fanden manche unter ihnen zum ersten Mal in die Logen. Unter ihnen ist vor allem Louise Michel bekannt. Sie war Lehrerin gewesen, und als sie mit ihrer Arbeit begann, schaffte sie als erstes das Morgengebet ab. Sie gehörte zu den Heroinen der Commune und wurde zur Identifikationsfigur eines linken, anarchistischen Feminismus bis heute. Louise Michel wurde am 13. September 1904 in die Loge *La Philosophie Sociale* aufgenommen, die der Grande Loge Symbolique Ecossais unterstand.[227] Die

---

226 Karl Marx/Friedrich Engels, Werke Band 17. Berlin (DDR) 1972, S. 639

227 Vgl. A Belle Epoque? Women and Feminism in French Society and Culture 1890–1914. Hrsg. von Diana Holmes und Carrie Tarr. Oxford und New York 2006. S. 57.

Loge war eine gemischte, sie galt als Zentrum anarchistischer, feministischer und sozialistischer Tendenzen – genannt werden hier auch „malthusianische“ Ideen, ein zeitgenössisches Deckwort für Geburtenkontrolle.[228] Die Geschichte der Grande Loge Symbolique Ecossais ist ungemein kompliziert, in ihrer Rivalität zum Grand Orient war einer der Hauptstreitpunkte die Initiation von Frauen. Ihr erster Großmeister war Raoul Urbain, der seinerseits dem Rat der Commune angehört hatte.

---

228 Vgl. Elinor Ann Accampo, Blessed Motherhood, Bitter Fruit: Nelly Roussel and the Politics of Female Pain in Third Republic France. Johns Hopkins University Press, 2006, S. S. 27

Freimaurerischer Laizismus im Nahen Osten: Die Revolution der Jungtürken

Als im Juli 1908 der jungtürkische Umsturz sich durchgesetzt hatte, fand die Modernisierungsrevolution zunächst den ungeteilten Beifall Großbritanniens. Erst mit der Zeit wurde klar, daß auch der Wechsel des Regimes und der Staatsideologie an den geopolitischen Zwängen, denen sich das Osmanische Reich ausgesetzt sah, nichts änderte. Solange die russische Politik an eine Wiedergewinnung Konstantinopels für die Christenheit dachte, solange von Rußland aus die christlichen Minderheiten, Griechen und Armenier, tatkräftig gefördert wurden, solange der Zar andere, den türkischen Ansprüchen feindliche Nationen auf dem Balkan unterstützte, konnte von einer strategischen Neuorientierung keine Rede sein.

Und so kehrte auch die britische Politik, die gegen Deutschland auf ein Bündnis mit Rußland angewiesen war, bald zu einer sehr distanzierten Sicht auf das osmanische Regime zurück. In dem großen strategischen Spiel um den Nahen Osten waren nicht nur direkte türkische, russische und britische Interessen ins Kalkül zu ziehen, sondern es kam ein weiterer Akteur hinzu: die zionistische Bewegung, die an Kraft gewann – und das anvisierte Territorium für eine jüdische Heimstätte lag damals auf dem Gebiet des Osmanischen Reiches. Die Türkei war vom europäischen Antisemitismus weitgehend frei, und so kam es, daß in der jungtürkischen Führung und in der neuen Regierung Juden oder Angehörige der Dönme, einer von Gershom Scholem untersuchten sabbatianischen Sekte in der Türkei, die unter formeller Annahme des Islams ihre eigenen Überlieferungen pflegte, eine prominente Rolle spielen konnten. Djavid Bey (auch als „Javid" oder in türkischen Quellen als „Cavid" transkribiert), erster Finanzminister der Jungtürken, war ein Dönme. Ein bemerkenswertes Dokument aus der diplomatischen Korrespondenz zwischen Gerard Lowther, dem britischen Botschafter in Konstantinopel, und dem Londoner Außenministerium veröffentlichte vor fast vierzig Jahren der Politikwissenschaftler und Nahost-Experte Elie Kedourie, der an der London School of Economics lehrte.[229]

Lowther meldete in einem längeren Hintergrundbericht vom Mai 1910 nach London nichts Geringeres als seine Gewißheit, bei den Jungtürken und dem geheimen „Komitee für Einheit und Fortschritt", aus dem die politische Bewegung hervorgegangen war, handle es sich im Wesentlichen um eine freimaurerische Loge. Eine solche Vermutung war nicht von vornherein abwegig, denn die nationalen, säkularistischen und konstitutionellen Bewegungen des neunzehnten Jahrhunderts, allen voran das italienische Risorgimento, standen unter starkem maurerischen Einfluß: Garibaldi, der Nationalheld, war zugleich seit 1864 Großmeister des italienischen Grande Oriente. Vor allem die jungtürkische Polemik gegen „Reaktion" und „Klerikalismus" erinnerte den Botschafter an das, was er aus der Französischen Republik über die Freimaurer wußte: soeben, 1905, war in einer radikalen Auslegung der Trennung von Staat und Religion das Kirchenvermögen eingezogen worden – und der Grand Orient de France konnte sich seiner Vorreiterrolle bei der laizistischen Gesetzgebung rühmen. Talaat Bey und Djavid Bey, die einzigen Regierungsmitglieder von echtem politischem Gewicht, seien zugleich die Spitze der ottomanischen Maurerei, glaubte der Botschafter. Lowther dachte dabei ausschließlich vom britischen Interesse her. „Der orthodoxe Muslim hat ein starkes Vorurteil gegen die Maurerei, die ihm schlimmer erscheint als der bloße Unglaube", vermeldete er – und dieses Motiv habe die Meuterei gegen das jungtürkische Regime vom April 1909, den Putschversuch des Sultans, ausgelöst. Für die Propaganda unter Muslimen in Ägypten und Indien werde man sich des Freimaurer-Motivs mit Vorteil bedienen können.

Kedourie vermochte in den Ideen Lowthers, deren Ursprung er dem irisch-katholischen Botschaftsdolmetscher Fitzmaurice zuschrieb, nur „schwülstige Phantasien" (fustian fantasies) und „verwirrte Fabeleien" (fuddled fabulosities) zu erkennen. Neuere Studien zur jungtürkischen Bewegung haben die Mitgliedschaft wichtiger Exponenten in maurerischen Logen zur Gewißheit gemacht: M. Sukru Hanioglu konnte nachweisen, daß mit nur einer Ausnahme sämtliche Gründer des „Komitees" Freimaurer waren

229 Elie Kedourie, Young Turks, Freemasons and Jews, in: Middle Eastern Studies, Band 7, 1971, S. 89–104

oder wurden, und zwar, eben doch ganz wie von Lowther vermutet, in der von Italien aus gegründeten Loge *Macedonia Risorta* beziehungsweise im ottomanischen Grand Orient.[230] Der aktuelle türkische Streit zwischen den harten Laizisten der CHP, die sich auf die jungtürkische Tradition berufen, und der islamischen Bewegung hat eine Vorgeschichte, die tief in die Welt der Konspirationen und Gegenkonspirationen führt.

Eine überraschende Gegenprobe auf die Thesen Lowthers konnte unlängst Reinhard Markner veröffentlichen.[231] Wir sind nun an einem Punkt, wo die Freimaurerei entscheidend in die hohe Politik hineinspielt und nicht mehr nur die klandestinen Bewegungen bestimmt. Ernst Jäckh und Paul Rohrbach waren deutsche Logenbrüder und hervorragende Orientkenner. Seit 1909 waren sie über die türkischen Zusammenhänge im Bilde und regten deshalb 1915 eine engere Zusammenarbeit der Großlogen der Mittelmächte an. Deutschland und die Türkei standen im Kriegsbündnis. Am 22. September 1915, so Markner, lud Richard Kleffel, Vorstand des Deutschen Großlogenbundes, die Vertreter aller Großlogen deshalb zu einer außerordentlichen Versammlung „behufs Beratung über eine höchst dringende und wichtige Angelegenheit“ ein. Bei dieser Beratung sprach Hjalmar Schacht, der spätere Reichsbankpräsident und dann auch Wirtschaftsminister unter Hitler, über seine türkischen Eindrücke, die er bei einer Reise im Sommer 1909 gesammelt hatte. Schacht gehörte, wie Markner weiter mitteilt, der Berliner Loge *Urania zur Unsterblichkeit* an. Nach Markners Referat lernte Schacht in Saloniki die ersten türkischen Freimaurer kennen, und auch im weiteren Verlauf der Reise fanden er und seine beiden Begleiter in ihren Kreisen überall „die freundlichste Aufnahme und Behandlung“. Zu

230 Preparation for a Revolution: The Young Turks, 1902–1908. Studies in Middle Eastern History. Oxford University Press 2001. Viele Einzelheiten zum maurerischen Zusammenhang gibt auch Mehmet Hacisalihoglu, Die Jungtürken und die Mazedonische Frage (1890–1918). München 2003. S. 144: „Die besonderen Umstände von Saloniki ermöglichten eine Zusammenarbeit zwischen den Jungtürken und den Freimaurern. Emanuel Karasso, der Direktor von Macedonia Risorta, öffnete den Jungtürken die Türe der Freimaurerlogen für ihre geheimen Sitzungen und ihre wichtigen Dokumente wurden in diesen Logen, in Gebäuden von ausländischen Besitzern, aufbewahrt, damit sie nicht in die Hände der osmanischen Polizei fielen.“.

231 Reinhard Markner, Geschichte der Freimaurer: Jungtürken. In: Frankfurter Allgemeine Zeitung vom 20. August 2008

seinem Bedauern, so Markner weiter, konnte Schacht die Zeremonien der osmanischen Brüder nicht aus eigener Anschauung kennenlernen, da die Logen den Sommer über geschlossen waren. Dennoch gewann er im Gespräch mit den Gastgebern die Überzeugung, „daß die ganze jungtürkische Revolution von Freimaurern getragen und in den Logen verbreitet worden ist. Nicht als ob die Logenarbeiten selbst hierzu benutzt worden wären, im Gegenteil haben die Logenarbeiten stets nur hohen ethischen Inhalt gehabt, aber in den Logenräumen haben die Zusammenkünfte stattgefunden, die die politischen Ereignisse vorbereiteten. Unsere deutschen Brüder werden vielleicht geneigt sein, dies zu verdammen, aber mit Unrecht ... Es sind die besten Elemente des türkischen Volkes gewesen, die jenes Regime gestürzt haben."

Nur die „lautersten und ethischen Momente" hätten „unsere türkischen Brüder" dazu bewogen, „die politische Macht zu erlangen". Die drei Deutschen begegneten Djavid Bey und Talaat Bey, dem ersten Großmeister des am 1. Mai 1909 gegründeten Grand Orient Ottoman. „Was die heutigen Leiter der türkischen Regierung treiben, ist bewußt maurerische Kulturpolitik", erklärte Schacht, der die jüngsten Gewalttaten gegen Armenier dem alten Regime zuschrieb. „Versöhnung der konfessionellen und nationalen Gegensätze, Aufklärung des verdummten und fanatischen Volkes, gemeinsame werktätige Liebesarbeit" sei demgegenüber das Programm der Jungtürken. „Gelingt es ihnen auch nur in etwas auf diesem steinernen Meer Aufklärung, Duldung, Menschlichkeit zu verbreiten, so muß die Bruderkette der ganzen Welt bekennen: Hier ist wahre maurerische Arbeit geleistet worden."

Aber nicht nur die deutsche, auch die zionistische Diplomatie hatte nun mit den Jungtürken zu rechnen. Dabei war die schwierige Aufgabe zu meistern, einerseits die Zustimmung zu weiteren Kolonistensiedlungen in Palästina zu erhalten, andererseits aber die Türkei nicht durch unbedachte Forderungen nach übermäßiger Autonomie zu verstimmen, die als separatistische Bedrohung der osmanischen Reichseinheit aufgefaßt werden konnten. Haim Nahoum, stellvertretender Oberrabbiner der Türkei, erklärte 1908, das neue, jungtürkische Regiment betrachte die zionistische Besiedlung Palästinas aufgeschlossen. Die Türken ihrerseits, so Nahoum damals, benötigten die „Allianz mit den Juden, um dem Einfluß der Griechen und Armenier etwas entgegensetzen zu können".[232] Tatsächlich stimmten die arabischen, griechischen und armenischen Abgeordneten im Parlament stets gegen die Jungtürken.[233] Das jüdische Interesse in der Türkei war also, zum Teil jedenfalls, mit dem der Jungtürken identisch. Die Loge *Macedonia Risorta* war die Wiege der Jungtürken gewesen, sie war in Saloniki beheimatet, wo die Juden fast die Hälfte der Bevölkerung ausmachten. In Mazedonien, so erklärt Hacisalihoglu, „gab es mehrere Freimaurerlogen, die verschiedenen nationalen bulgarischen oder griechischen Zielen dienten. Die Logen in Saloniki standen jedoch unter dem Einfluß der Juden, die sich von der griechischen und slawischen Gefahr bedroht fühlten. Dies war ein wichtiger Grund für die Zusammenarbeit Karassos mit den Jungtürken."[234] Für die zionistische Bewegung war es ein großer Gewinn, daß sie Emmanuel Carasso für ihre Anliegen gewinnen konnte.[235] Carasso, von dem leider noch keine wissenschaftliche Biographie vorliegt, war der eigentliche Gründer der *Macedonia Risorta* gewesen, Stuhlmeister der Loge; er gehörte zu den wirkungsvollsten Politikern der Jungtürken, die er im Parlament für Saloniki vertrat. Auch bei ihm wird man von einem Amt des Liaison-Offiziers zwischen den verschiedenen Interessen sprechen müssen – vor allem zwischen dem jungtürkischen, dem maurerischen und dem zionistischen. Wiederholt reiste er während des Kriegs zur Verhandlungen nach Deutschland. Noch nach dem Vertrag von Brest-Litowsk weilte Carasso in Berlin, um dort ein-

232 Zitiert nach Isaiah Friedman, Germany, Turkey, Zionism. 1897–1918. New Brunswick und London 1998, S. 141. In der Geschichte waren gerade die Beziehungen zwischen Juden und christlichen Armeniern oft außergewöhnlich gespannt. Als Ignaz Bernstein vor hundert Jahren jüdische Sprichwörter sammelte, stieß er auch auf ein galizisches: „Er is a Timche". Bernsteins Glossar gibt Aufschluß über den Begriff: „Mit diesem Worte werden in Galizien die Armenier bezeichnet. (In manchen Gegenden nennt man sie auch ‚Much'.) Da die Armenier als Abkömmlinge der Amalekiter gelten, so steht die Bezeichnung ‚Timche' mit dem Bibelvers in Zusammenhang, in welchem es von Amalek heißt: ‚du sollst auslöschen (timche) das Andenken an Amalek'. An einer anderen Stelle spricht Gott von Amalek: ‚denn auslöschen werde ich (muchoj emche) das Andenken an Amalek …' Von dieser Stelle ist wohl die andere Bezeichnung für Armenier ‚Much' abzuleiten." (Ignaz Bernstein, Jüdische Sprichwörter und Redensarten. 1907, Reprint Wiesbaden 1988). Amalek war im Alten Testament der Inbegriff eines schlechthin feindlichen Volkes.

233 Friedman, S. 146

234 Hacisalihoglu, S. 144

235 Friedman, S. 142

mal mehr für die Bildung eines jüdischen Zentrums unter ottomanischer Souveränität zu werben; es könne dies für die Türkei nur von Vorteil sein, er spreche „auf Grund seiner eigenen jüdischen Nationalgefühle" ebenso wie als türkischer Patriot.[236]

Daß es eine Interessenkonvergenz zwischen den Jungtürken und den türkischen Juden gab, war auch dem Botschafter Lowther nicht entgangen. Seine Lagebeschreibung ging realistisch davon aus, daß für die Juden der internationale Hauptfeind Rußland sein mußte; das Land, in dem noch kürzlich Pogrome stattgefunden hatten. Da Großbritannien aber im Bündnis mit Rußland sei, müsse man eine Entfremdung der jüdischen Stimmung gegenüber England befürchten und eine Annäherung an die offzielle Politik der Türkei. Juden könnten der Jungtürkenregierung mit ihrer geistigen Regsamkeit nützlich sein, ebenso mit Wirtschaftsunternehmungen, Einflußnahme auf die europäische Presse – schließlich auch bei dem türkischen Versuch, den Einfluß, den Europa durch die „Kapitulationen" immer noch nehmen könne, auszuschalten. Auch dies war nicht ganz unbegründet.

Es war ein radikaler Sozialist, der in Odessa aufgewachsene Alexander Israel Helphand, genannt „Parvus", der bald darauf den Zusammenhang von Krieg, territorialer Filetierung des russischen Reiches (als „Dezentralisierung" bezeichnet), Demokratisierung und sozialer Revolution mit einer bis dahin unerhörten Konsequenz durchdachte – und dieser Weg führte ihn, einen der Köpfe des Petersburger Sowjets in der Revolutionsbewegung von 1905, gut zehn Jahre später an die Seite der deutschen Heeresleitung. 1910 war er in die Türkei gegangen und hatte dort ein bedeutendes Vermögen offenbar durch Getreide- und Waffenhandel erworben.[237] In der Tat wurde er, wie Lowther im Grundsatz richtig prognostiziert hatte, einer der wichtigen Wirtschaftsberater der Jungtürken. Schon dort machte er durch rußlandfeindliche Artikel im Journal „La Jeune Turquie" auf sich aufmerksam. Im Sommer 1914 forderte er den Kriegseintritt der Türkei gegen Rußland, das Zentrum von „Reaktion und Rückständigkeit"; auch sei der Zeitpunkt gekommen, die „Kapitulationen" nun einseitig aufzukündigen. 1915 kehrte er nach Deutschland mit einer Doppelstrategie im Gepäck zurück: die Sozialdemokraten mußten vom

236 A.a.O., S. 387. Im Original deutsch

237 M. Asim Karaömerlioglu, Helphand-Parvus and his Impact on Turkish Intellectual Life, in: Middle Eastern Studies, Jg. 40, Heft 6, November 2004

Krieg zur Niederwerfung Rußlands stärker als bisher überzeugt, die hohe deutsche Politik aber für eine kühne Unterstützung der russischen Revolutionäre gewonnen werden.

Seine Schlußfolgerung war zwingend: „So wird durch die vereinigten Armeen und durch die revolutionäre Bewegung in Rußland die ungeheure politische Zentralisation, die das Zarenreich darstellt und die, solange sie besteht, eine Gefahr für den Weltfrieden sein wird, zertrümmert und die Hochburg der politischen Reaktion in Europa gestürzt werden."[238] Allerdings setzte das Auswärtige Amt auf Diplomatie: Ein Sonderfrieden mit dem Zarenreich schien 1915 noch möglich. Aber er hätte Rußland auf lange Zeit stabilisiert und stand insofern den Umsturzplänen diametral entgegen. Die Interessen stimmten nur scheinbar zusammen: „Das Auswärtige Amt wollte den Frieden, Parvus die Revolution", schreiben seine Biographen Scharlau und Zeman. So blieb für den Revolutionär nur die Position des radikaleren intellektuellen Militarismus – und, nach der Beratungstätigkeit für die Jungtürken, die Finanzierung der Bolschewiki.

In der innertürkischen Polemik spielte die Idee eines jüdisch-maurerischen Komplotts keine geringe Rolle. 1911 kam es zu einer Debatte im Parlament, bei der Cosimidi Effendi vor allem Djavid Bey angriff: dieser ordne die Interessen des Staates den jüdischen unter; ein anderer Abgeordneter sah in der Finanzdiplomatie Djavid Beys mit den Bankhäusern Cassel in London sowie der Pariser Dreyfus-Bank den „Finger des Zionismus".[239] Ein Diebstahl in einer Jerusalemer Moschee wurde zum Generalangriff auf die Jungtürken genutzt, gegen die Freimaurer im Allgemeinen und gegen Djavid Bey im Besonderen: Moscheenschätze, so der Vorwurf, würden an Ungläubige verkauft.

Indes tat sich zwischen dem Geist der Freimaurerei, der an sich nach Westen tendieren mußte, und den geopolitischen Zwängen, die ein Bündnis mit Deutschland forderten, doch eine Spannung auf. Djavid Bey war 1914 als Finanzminister zurückgetreten, weil er den Kriegspakt der Mittelmächte nicht mittragen wollte; erst 1917 trat er wiederum als Finanzminister in die Regierung ein. Allerdings lagen nun seine Sympathien eindeutig auf der Seite Amerikas (ähnlich wie bei Talaat Bey), und man kann die von

238 Winfried B. Scharlau und Zbynek A. Zeman, Freibeuter der Revolution: Parvus-Helphand. Eine politische Biographie. Köln 1964

239 Friedman, S. 152

Friedman ausgewerteten Dokumente auch so deuten, daß er für einen Frontenwechsel warb. Die Türkei bedeutete in der internationalen Maurerei dennoch einen Sonderweg. Während sich etwa die italienischen Logen 1915 vehement für den Kriegseintritt an der Seite des „menschenrechtlichen" Frankreich aussprachen, blieben die türkischen Logen Verbündete der Mittelmächte.

Wer in der Geschichte nicht nur Ereignisse und Strukturen, sondern auch wirkende Bilder sieht, wird hier für einen Moment innehalten und könnte dann geneigt sein, eine Folge zu erblicken. Freimaurerei mit dem noch rein esoterischen, nämlich kabbalistischen Programm eines „tikkun", also einer Rückführung aus dem Exil, fanden wir, zusammen mit dem noch ganz alchimistisch gedeuteten Hexagramm, bei Martinez Pasqually und den „Élus Coens" um 1760. Ein Jahrhundert später treffen wir in Moses Hess einen sozialistisch gestimmten Freimaurer, der die Heimkehr aus dem Exil und die Gründung eines jüdischen Staates als Utopie verficht. Nun, in der Person von Carasso, betreten wir den weltgeschichtlichen, exoterischen Boden. Die Freimaurerei ist in der Türkei an der Macht beteiligt, und das Hexagramm ist zum Parteiwappen der zionistischen Bewegung geworden.

Kerenski und die russische Februarrevolution

Im Bewußtsein der russischen Akteure des Jahres 1917 spielte das Vorbild der Französischen Revolution eine überragende Rolle. Noch einmal, und schärfer, weil verspätet, schien sich die Grundkonstellation von „Despotismus“ und „Finsternis“ auf der einen, „Freiheit“ und „Licht“ auf der anderen Seite zu wiederholen. Aus dem Paris der Jahre nach 1789 bezog man die politischen Schlagworte, Metaphern und Begriffe. Die Straßenumzüge der Februarrevolution ließen die „Marseillaise“ erschallen. Als Alexander Kerenski, Anwalt von politisch Verfolgten unter dem Zarenregiment, inzwischen Justizminister der Provisorischen Regierung, am 17. März nach Finnland kam, spielte man das französische Mobilisierungslied an Stelle der Nationalhymne. Man verglich sich mit der Gironde oder wurde, von der radikalen Linken, mit ihr polemisch verglichen. Trotzki sah Parallelen zwischen dem Zaren Nikolaus II. und Ludwig XVI., zwischen der Zarin und Marie Antoinette. Als der Petrograder Sowjet im April die Hinrichtung des Zaren forderte, erklärte Kerenski, er wolle um keinen Preis zum Marat der russischen Revolution werden.

Der französische Gesandte Paléologue meldete nach Paris, gerade Kerenski mache ihm mehr als alle anderen Männer der Februarrevolution einen tatkräftigen Eindruck, „durch etwas Fanatisches und Scharfes“ erinnere er ihn an Saint-Just.[240] Und im Exil klagte Kerenski über seinen Ruf als Premierminister: „Die Bolschewiken nannten mich einen ‚Bonaparte‘.“[241] Aber das taten auch seine Bewunderer wie die Dichterin Marina Zwetajewa: als „heißen Sturm, jungen Diktator“ hatte sie ihn besungen. Und er selbst unternahm das Seine, um die Assoziation nahezulegen: Nicht nur war er ein gerade sechsunddreißigjähriger junger Mann, als er die Höhe der politischen Macht erklomm, nicht nur war er

240 Richard Abraham, Alexander Kerensky. The first love of the Revolution, Columbia University Press. New York 1987, S. 151

241 A.a.O., S. 452

von körperlich kleiner Statur wie Napoleon – er spielte auch dessen Gesten nach. In zahlreichen zeitgenössischen Fotos und Karikaturen wird die an den Bauch gepreßte Hand festgehalten, auch in Sergei Eisensteins genial-demagogischem Film „Oktober" sieht man Kerenski in dieser Pose, der napoleonischen Pathosformel.

Wenn es eine Debatte unter den Rußland- und Revolutionsexperten gibt, die hierzulande fast unbemerkt geblieben ist, dann ist jene über die Rolle der spezifisch russischen und spezifisch politischen Freimaurerei bei der Vorbereitung des Zarensturzes, der Revolution und bei der Bildung der Provisorischen Regierung. Nathan Smith hat vor nunmehr vierzig Jahren wohl als Erster die These vertreten, daß die politische Freimaurerei ein Gegenstand sei, den man bei künftigen Rekonstruktionen dieser kritischen Phase der russischen Geschichte kaum werde ignorieren können.[242] Damit begann vor allem im angelsächsischen Raum eine Diskussion, die erstmals eine historisch-kritische Bewertung des Sachverhaltes ermöglichte – jenseits der antimaurerischen Pamphletistik der russischen Reaktionäre in der Emigration, jenseits aber auch der konventionellen Abwehr der vermeintlichen „Verschwörungstheorien".

Französisch inspiriert, nämlich von der Pariser Großloge des Grand Orient, war auch dieser „Grand Orient des Russischen Volkes". Aber seine Eigenart war eine andere, sie lief auf den Versuch einer überparteilichen Kommunikationsplattform innerhalb der Opposition hinaus, die von den liberalen Kadetten (Konstitutionellen Demokraten) bis zu den gemäßigten Sozialisten reichen sollte, daneben auch Unternehmer und Bankiers einschloß. Man würde heute wohl von einer – allerdings geheimen – „progressiven" und „interfraktionellen" Vereinigung mit starken Verbindungen zur „Zivilgesellschaft" sprechen. In der maßgeblichen Kerenski-Biographie hat Richard Abraham die kaum zu überschätzende Bedeutung dieses Netzwerkes für den Zarensturz und die Bildung der Provisorischen Regierung geschildert.[243]

Die politische Linie der Gruppierung war die der „patriotischen Opposition", der unbedingten Treue zu den Kriegsanstrengungen der Entente (und bald auch der Vereinigten Staaten, die

---

242 The Role of Russian Freemasonry in the February Revolution: Another Scrap of Evidence. In: Slavic Review 27, Heft 4. Cambridge, Massachusetts 1968, S. 604–608

243 Siehe Anm. 240

die Provisorische Regierung mit einem großen Kredit belohnten), wobei man allerdings von den weitgehenden, Konstantinopel einschließenden Kriegszielen des Zarismus vorsichtig abrückte. Nun erst, nach dem Sturz von Nikolaus II., konnte die Entente den Krieg als „Kreuzzug für die Demokratie" wirklich glaubhaft machen. Im Umkreis des Zaren vermutete die Opposition wiederum deutschfreundliche Umtriebe und Initiativen für einen Separatfrieden. Schon vor der Februarrevolution hatte es konkrete Pläne zur Ermordung des Zaren gegeben, an denen Prominente aus dem Freimaurerkreis beteiligt waren, allerdings wohl ohne direkte Billigung durch ihre Organisation. Dabei war es das eigentliche Ziel, einer Volksrevolution zuvorzukommen, sie durch schnelles, entschlossenes Handeln überflüssig zu machen. Ironisch merkte Trotzki dazu an: „Der junge Millionär Tereschtschenko trat als unbeugsamer Zarenmörder auf."[244] Mit dem Freimaurer Alexander Gutschkow hatte man einen Mann an der Spitze des „Zentralen Kriegsindustriekomitees", das man gleichzeitig zum Vertrieb von Propagandaschriften an die Soldaten nutzen konnte.

Kerenski ging in seinen Erinnerungen erst nach langem Zögern genauer auf die Gruppierung ein: „Meine Aufnahme fand 1912 statt, kurz nach meiner Wahl in die vierte Duma. Nach ernsthafter Überlegung kam ich zu der Überzeugung, daß meine persönlichen Ziele mit denen der Loge identisch waren, und ich nahm die Einladung zum Beitritt an. Ich möchte betonen, daß unsere Gruppe keine regelrechte Freimaurerorganisation war. Zunächst war sie deshalb ungewöhnlich, weil sie alle Verbindungen zu ausländischen Logen abgebrochen hatte und die Mitgliedschaft von Frauen zuließ. Außerdem waren die komplizierten Riten und das freimaurerische Rangsystem abgeschafft. Nur die innere Disziplin wurde aufrechterhalten, die nötig war, um die moralische Qualität der Mitarbeiter und ihre Verschwiegenheit zu gewährleisten. Es gab keine schriftlichen Protokolle und keine Mitgliederlisten, und diese Geheimhaltung wirkte sich dann auf mangelnde öffentliche Information über Ziele und Aufbau der Gesellschaft aus."[245]

---

244 Leo Trotzki, Geschichte der russischen Revolution, Erster Teil: Februarrevolution. Frankfurt a. M. 1973, S. 71

245 Die Kerenski-Memoiren. Rußland und der Wendepunkt der Geschichte. Wien und Hamburg 1966, S. 108

Alexander Kerenski im Winterpalais, Sommer 1917
Gemälde von Ilja Repin

Es gibt ein Foto der Provisorischen Regierung: Man sieht den ersten Premierminister, Fürst Georgij Lwow, daneben Konowalow, Kerenski, den schon erwähnten Gutschkow, Wladimir N. Lwow, Miljukow, den „Millionär" Tereschtschenko, Roditschew, Nekrassow, Manuilow, Schingarew und Godnew. Davon gehörten den Freimaurern an: Kerenski, Schingarew, Gutschkow, Konowalow, Nekrassow, Tereschtschenko und Roditschew. Diese Mitgliedschaften sind durch die kritischen und insgesamt methodisch vorsichtigen Untersuchungen von Barbara Norton bestätigt.[246] Miljukow gehörte definitiv nicht zum maurerischen Kreis, denn er sprach in seinen Erinnerungen von der Überraschung, als sich ihm, Jahre später erst, der wirkliche Sinn der Kabinettsliste enthüllte. Ähnlich äußerte sich der Kadett Wladimir Nabokow, der Vater des Romanciers.

Kerenski hatte in seinen Memoiren, wie er mitteilt, „ursprünglich nicht die Absicht", über die russische Freimaurerei zu schreiben. „Aber gewisse ‚Enthüllungen', die während der letzten Jahre in der russischen und nichtrussischen Presse erschienen sind, haben den Sturz der Monarchie und die Bildung der Provisorischen Regierung der Geheimarbeit der Logen zugeschrieben. Ich halte es für meine Pflicht, diese absurde Interpretation der großen, tragischen Ereignisse zu widerlegen, die zum entscheidenden Wendepunkt in der russischen Geschichte führten."[247] Bei den ominösen Enthüllungen handelte es sich um Briefe von Elena Kuskowa, einem Mitglied der Gruppe, aus den fünfziger und sechziger Jahren, in denen sie in eher stolzem Ton über den maurerischen Anteil am Umsturz offen Auskunft gab. In der Emigration schloß sich eine heftige Diskussion wegen dieses Geheimnisverrats an; manche legten Kerenski brieflich nahe, das Thema einstweilen ganz zu verschweigen – die Zeit sei noch nicht reif.

Kerenskis eigene Äußerungen sind nicht ohne Ambivalenz. Einerseits wird die Auffassung zurückgewiesen, „eine mysteriöse Freimaurer-Troika habe der Regierung ihr Programm der öffentlichen Meinung zum Trotz aufgezwungen".[248] Andererseits hält er fest, daß man bei allen internen Meinungsverschiedenheiten „niemals zuließ, daß solche Auseinandersetzungen unsere Solidarität

246 Russian Political Freemasonry and the February Revolution of 1917. In: International Review of Social History. 1983, Heft 2, S. 240–258

247 Kerenski, S. 109

248 A.a.O., S. 111

gefährdeten. Diese von keiner Partei beeinflußte Politik brachte bemerkenswerte Ergebnisse, insbesondere das Programm für die künftige Demokratie in Rußland, das dann durch die Provisorische Regierung auf breiter Basis in die Wirklichkeit umgesetzt wurde."[249] Kerenski nennt die Vermutung einer maurerischen Verschwörung „absurd", gibt aber seinerseits kein Urteil über die wirkliche Rolle der Freimaurer. Und über seine Stellung als Generalsekretär des russischen Grand Orient in den Jahren unmittelbar vor der Revolution verliert er kein Wort.

Direkte historische Quellen allerdings sind selten, einschlägige Nachlässe waren lange gesperrt. Nathan Smith veröffentlichte das Zeugnis des Fürsten Wladimir Andrejewitsch Obolenskij, eines prominenten Mitglieds der Kadetten, der zwischen 1910 und 1917 dem Zentralkomitee der Partei angehörte. Vor allem in einer Hinsicht ist Obolenskijs Bericht, den er erst postum publiziert zu sehen wünschte, von großem Interesse: Er wendet sich gegen die These eines gemeinsamen „jüdisch-freimaurerischen" Komplotts beim Zarensturz.

Von einer „jüdisch-freimaurerischen Konspiration" zu sprechen ist tatsächlich nur von einem Blickwinkel aus möglich: von dem des Zaren und der engeren Hofpartei, und auch nur dann, wenn man demokratische Februar- und sozialistische Oktoberrevolution als Einheit der Bedrohung der zaristischen Selbstherrschaft sieht. Von jedem anderen Blickwinkel aus müssen die Unterschiede zwischen beiden Tendenzen wichtiger erscheinen. Darauf hat Obolenskij in dem von Smith herangezogenen Stück seiner Autobiographie hingewiesen: Für die Freimaurer kam es, wenn sie effektiv sein wollten, vor allem auf Kontakte zu einflußreichen Persönlichkeiten im System an – dazu zählten aber die Juden im Zarismus nicht, die, soweit sie politisch aktiv waren, eher bei der Fundamentalopposition, den sozialistischen Gruppierungen, Bolschewiki wie Menschewiki, ihre Wirkungsstätte fanden.

Ein wenig anders erscheint die Frage allerdings, wenn man sie nicht auf die Akteure, sondern auf die Wirkungen bezieht. Am 21. März 1917 hatte die Provisorische Regierung das Dekret der Judenemanzipation erlassen, das nicht nur die demütigenden Niederlassungsbeschränkungen des Zarismus beseitigte. Am

249 l.c.

6. April waren die Vereinigten Staaten in den Krieg eingetreten. Es waren diese Ereignisse, die, wie Isaiah Friedman festgestellt hat, die Stimmung der „jüdischen Massen" auf der ganzen Welt zugunsten der Entente verschoben.[250]

250 Friedman spricht dabei von „factors that swayed the Jewish masses towards the Entente", S. 313

Tucholsky und Ossietzky: Der Grand Orient und die „Weltbühne"

Der Freimaurerbund „Zur Aufgehenden Sonne" (FZAS) war nach deutschen Maßstäben „irregulär" und genoß bei den anderen Großlogen keine Anerkennung. In Frankfurt am Main 1907 am 28. Juli gegründet, mit Bedacht am Geburtstage Ludwig Feuerbachs, stand er dem von Ernst Haeckel ins Leben gerufenen „Monistenbund" nahe, der sich agnostisch bis atheistisch auf die Ergebnisse der Naturwissenschaften berief und eine säkulare, gegen „kirchliche Dogmen" gerichtete Ethik propagierte. Zudem war die neue Loge pazifistisch gestimmt. Die fehlende Anerkennung in Deutschland wurde wettgemacht durch die des französischen Grand Orient, der Abordnungen zu den Kongressen des FZAS entsandte. Man hörte, so berichtete ein amerikanisches Logenjournal 1925 vom Kongreß in Freiburg, bei den Teilnehmern aus Frankreich wie aus Deutschland „splendid speeches in favor of international peace."[251] Wohl nicht zu Unrecht gilt der FZAS als der „linksliberale Flügel der deutschen Freimaurerei".[252] Die Mitglieder der Loge, so schreibt Ralf Melzer, gehörten in der Mehrzahl zum linken Bürgertum und zur Sphäre der Sozialdemokratie. Oft waren sie durch eine stark internationalistische Tendenz charakterisiert, als deren Verwirklichung sie den Völkerbund ansahen.[253] Die beiden wohl bekanntesten Eingeweihten

---

251 American Co Mason Official Bulletin of the American Federation of Human Rights 1925. Reprint Kessinger 2001, S. 19

252 Konflikt und Anpassung. Freimaurerei in der Weimarer Republik und im „Dritten Reich". Hrsg. von Ralf Melzer, Anton Pelinka und Helmut Reinalter. Wien 1999, S. 20

253 „Their members mostly belonged to the left-wing bourgeoisie and/or a social-democratic sphere, and they were often marked by a specifically international and pacifist attitude. …who were united against any hostility and who interpreted the League of Nations as a political expression of this concept". Ralf Meltzer, In the Eye of a Hurricane: German Freemasonry in the Weimar Republic and the Third Reich. In: Freemasonry in Context: History, Ritual, Controversy. Hrsg. von Arturo de Hoyos und S. Brent Morris. Lanham 2004, S. 94

dieser dem Grand Orient attachierten Bruderschaft waren Carl von Ossietzky und Kurt Tucholsky. Ossietzky hatte im April 1919 die Weihe in der Loge *Menschentum* (der Großloge *Zur Aufsteigenden Sonne*) in Hamburg empfangen.[254] Tucholsky wurde im März 1924 in die Loge *Zur Morgenröte* aufgenommen, die gleichfalls zum FZAS gehörte.[255] Endgültig schloß er sich dann im Juni 1925 Jahre dem Grand Orient de France an, wie ein Schreiben belegt: „Da ich nunmehr in Paris ansässig sein werde, darf ich höflichst um Annahme bei Ihrer ehrwürdigen Loge *Les Zélés Philantropes* ersuchen. Ich bin aktives Mitglied im Gesellengrad der ehrwürdigen Loge *Zur Morgenröte* im Orient von Berlin."[256] Auch in Frankreich wurde er bald „compagnon", Geselle. Den 1925 ausgestellten Meisterpaß der Pariser Loge für Tucholsky zeigte die Ausstellung „Entlaufene Bürger" des Deutschen Literaturarchivs.[257] Zusätzlich wurde er am 23. Juni 1925 in der gleichfalls zum Grand Orient gehörenden Loge *L'Effort* aufgenommen.[258]

Tucholsky und Ossietzky verfügten in Deutschland über großen publizistischen Einfluß. Die „Weltbühne", deren Leitung 1926 Tucholsky übernahm und nach ihm dann 1927 Ossietzky, war das führende Organ einer bürgerlichen bis radikalen linken Intelligenz, auch sie war pazifistisch, internationalistisch und antimilitaristisch ausgerichtet. Hier sammelten sich die kritischsten Geister der Weimarer Republik.[259] Der spezifische Pazifismus des Blattes war von äußerster Schärfe der Formulierung: „Wir halten", schrieb Tucholsky 1928, „den Krieg der Nationalstaaten für ein Verbrechen, und wir bekämpfen ihn, wo wir können, wann wir können, mit welchen Mitteln wir können. Wir sind Landesverrä-

254 Vgl. Gerhard Kraiker und Elke Suhr, Carl von Ossietzky. Reinbek 1994, S. 44

255 Kurt Tucholsky, Gesamtausgabe Band 18. Briefe 1925–1927. Hrsg. von Renke Siems und Christa Wetzel. Reinbek 2007, S. 378

256 A.a.O., S. 377

257 Entlaufene Bürger. Kurt Tucholsky und die Seinen. Hrsg. von Jochen Meyer. Marbach 1990, S. 691

258 Kurt Tucholsky, Gesamtausgabe Band 20, Briefe 1933–1934. Hrsg. von Antje Bonitz und Gustav Huonker. Reinbek 1996, S. 584

259 Istvan Deak hat den Kreis der Autoren umrissen: „In summary, the ‚typical' Weltbühne writer in the Weimar era – with due respect to significant exceptions – was born into the ‚war-generation'; he was the son of bourgeois parents; he belonged to the educational elite, and he was more likely of Jewish than of non-Jewish origin." Germany's Left Wing Intellectuals. A Political History of the Weltbühne and its Circle. Berkeley und Los Angeles, 1968, S. 29

ter. Aber wir verraten einen Staat, den wir verneinen, zugunsten eines Landes, das wir lieben, für den Frieden und für unser wirkliches Vaterland: Europa."[260] Mit diesem Bekenntnis zum Europäischen und gegen den eignen Staat verband sich auch ein innenpolitischer Radikalismus. Schon 1919 hatte Tucholsky dem Begriff des Kompromisses eine Absage erteilt. In dem „Weltbühne"-Artikel „Wir Negativen" schrieb er damals: „Leute, bar jedes Verständnisses für den Willen, der über die Tagesinteressen hinausheben will – man nennt das hierzulande: Realpolitiker – bekämpfen uns, weil wir im Kompromiß kein Heil sehen, weil wir in neuen Abzeichen und neuen Aktenstücken kein Heil sehen."[261]

Carl von Ossietzky

Man hat für die tiefe Problematik dieser „europäischen" und radikalistischen Position zwei durchaus unverdächtige Zeugen. Daß man sich damals nicht ungestraft der Verwestlichung verschreiben konnte, hat Georg Lukács in einer Verfallsdiagnose der Weimarer Republik scharfsinnig erfaßt: „Die Traditionslosigkeit vieler subjektiv überzeugter Demokraten zeigt sich darin, daß sie ihrerseits diesen angeblich ausschließlich ‚westlichen' Charakter der Demokratie zur Grundlage ihrer Propaganda machten, ihr Antideutschtum, ihre Begeisterung für die westliche Demokratie taktlos und untaktisch in den Vordergrund stellten und damit der Reaktion in ihrer antidemokratischen Legendenbildung ungewollt eine Hilfe leisteten. (Am deutlichsten ist diese Ideologie im Kreis der damaligen Weltbühne sichtbar.) Dazu kommt ein nihilistisches Verhalten breiter Kreise der radikalen bürgerlichen Intelligenz der nationalen Erniedrigung gegenüber (abstrakter Pazifismus)."[262] Daß es gerade Lukács war, der sich gegen Tucholsky und

260 Ignaz Wrobel: „Die großen Familien". In: Die Weltbühne, 27. März 1928, S. 471

261 Die Weltbühne, 13. März 1919, S. 279

262 Georg Lukács: Die Zerstörung der Vernunft. Berlin 1954, S. 62

Ossietzky aussprach, paßt zur Fabel von Thomas Manns Roman „Der Zauberberg“: dort war der nach dem Bild von Lukács modellierte theokratische Bolschewist Leo Naphta ja der Gegenspieler des westlich-freimaurerischen Settembrini gewesen. Man konnte nicht Paris und Moskau zugleich dienen. Dies galt, obwohl Ossietzky bei der Reichspräsidentenwahl von 1932 für den Kommunisten Thälmann warb.

Ebenso markant wie Lukács über die antideutsche außenpolitische Orientierung hat sich später Hans Ulrich Wehler über den innerpolitischen „Weltbühnen“-Radikalismus geäußert. Als die Universität Oldenburg, 1973 gegründet, sich den Namen „Carl von Ossietzky-Universität“ geben wollte, lehnte die Landesregierung von Niedersachsen das Ansinnen zunächst ab. Wehler schrieb zu diesem Namensstreit eine Art öffentliches Gutachten, in dem er den Kritikern des Vorschlages recht gab. Er sah in der „Weltbühne“ kein demokratisches Vorbild für die Gegenwart, sondern eine destruktive Kraft: „Auch radikale publizistische Kritik muß jede Demokratie vertragen können. Aber die Verantwortungsethik demokratischer Journalisten darf die Grenze zur prinzipiellen Staatsfeindlichkeit nicht überschreiten lassen. Auf seine Art hat Carl von Ossietzky mit der ‚Weltbühne‘ jedoch dazu beigetragen, die tief angeschlagene Republik noch weiter zu schwächen, ja durch seine von links aus geübte Kritik, ohne Pardon zu geben, aktiv zu diskreditieren. Von der linken ‚Weltbühne‘ ging, mochte von Ossietzky auch glauben, stets für die Republik zu kämpfen, schließlich eine tendenziell destruierende Wirkung aus.“[263] Auch von der „Volksfrontromantik“ der „Weltbühne“ sprach Wehler kritisch.

Eine wahrlich epochale systematische Untersuchung der Wechselbeziehungen zwischen den Pariser Logenarbeiten und

---

263 Hans-Ulrich Wehler: Leopold Schwarzschild contra Carl von Ossietzky. Politische Vernunft für die Verteidigung der Republik gegen ultralinke ‚Systemkritik‘ und Volksfront-Illusionen. In: Preußen ist wieder chic. Politik und Polemik in zwanzig Essays. Frankfurt am Main 1983, S. 77 ff. Wehler folgte dann auch Rudolf Augstein, der sich zum Neudruck der „Weltbühne“ äußerte: „Zu den Totengräbern der Weimarer Republik, da hilft kein Vertun, muß man auch die ‚Weltbühne‘ rechnen (...). Die Metapher ‚Totengräber‘, so wie sie auch heute noch im Schwange ist, bedarf aber der Korrektur. In den seltensten Fällen sind es ja die Totengräber, die einen Leichnam zu Tode bringen. Vielmehr, sie tun den Leichnam, den bereits toten, unter die Erde.“ Rudolf Augstein: Eine Republik und ihre Zeitschrift. In: Der Spiegel, 1978, Heft 42

der Publizistik Tucholskys hat Stephanie Burrows veröffentlicht (Tucholsky and France. Modern Humanities Research Association, University of London. Institute of Germanic Studies 2001). In der Arbeit werden die Entsprechungen zwischen Pariser Vorgaben und Artikeln in der „Weltbühne" und anderen linken Publikationen in allen Nuancen beleuchtet. Man kann hier, stellvertretend für viele Übereinstimmungen, den Artikel über den Wallfahrtsort Lourdes erwähnen. Er findet seinen Niederschlag auch in Tucholskys maurerischer Korrespondenz. So schrieb er seinem Stuhlmeister, er wolle „mit den Brüdern ein Thema erörtern …, das mich auf meiner Reise sehr beschäftigt hat: Lourdes." In der „Arbeiter Illustrierten Zeitung" erschien im Juli 1929, Nummer 28, der Artikel „Kintopp, Glaube oder Kurpfuscherei. Der Wallfahrtsort Lourdes in Frankreich": „Die Kirche, dieses Warenhaus der Metaphysik, liefert auch hier nur Massenware. … es ist ein böser Jahrmarkt".[264]

Tucholsky machte sich in der „Weltbühne" wiederholt über Erich Ludendorff lustig. Dieser hatte nach dem verlorenen Krieg als Schuldige die „überstaatlichen Mächte" ausgemacht, worunter er Freimaurer, Juden, internationale Sozialisten, aber auch die katholische Kirche verstand. Tucholsky trat ihm mit einem satirischen Gedicht entgegen (das freilich die Logenzugehörigkeit des Verfasser verschwieg, und insofern wurde der Kampf nicht ganz ehrlich geführt):

> Hast Du Angst Erich? Bist Du bange Erich?
> Klopft Dein Herz, Erich? Läufst Du weg?
> Wolln die Maurer, Erich – und die Jesuiten, Erich
> Dich erdolchen, Erich – welch ein Schreck!
> Diese Juden werden immer rüder.
> Alles Unheil ist das Werk der ∴ Brüder.
> Denn die Jesuiten, Erich – und die Maurer, Erich –
> Und die Radfahrer – die sind schuld
> an der Marne, Erich – und am Dolchstoß, Erich –
> ohne die gäbs keinen Welttumult.
> Jeden Freitag abend spielt ein Kapuziner

264 Vgl. Tucholsky, Gesamtausgabe Band 18. Briefe 1925–1927. Hrsg. von Renke Siems und Christa Wetzel. Hamburg 2007, S. 423: „J'espère causer avec tous les Fr∴ Fr∴ sur une question qui m'a occupée pendant mon voyage: sur Lourdes."

> mit dem Papste Skat – dazu ein Feldrabbiner;
> auf dem Tische liegt ein Grand mit Vieren –
> dabei tun sie gegen Deutschland konspirieren
> Hindenburg wird älter und auch müder…
> Alles Unheil ist das Werk der ∴ Brüder."[265]

Es muß aber, über die Kritik am innenpolitischen Radikalismus der Zeitschrift hinaus, auch ihre außenpolitische Haltung untersucht werden. Aus den bisherigen Streiflichtern über die politische Frankophilie der deutschen Mitglieder des Grand Orient hat man einen ersten Hinweis, der sich auch sofort bestätigt: Ossietzky und Tucholsky schrieben im Zweifelsfall zugunsten Frankreichs. Zwei Stichproben mögen als Beleg gelten.

Von Paris aus schrieb Tucholsky im Oktober 1924 die Glosse „Der erste Händedruck". Der Titel war eine Anspielung auf eine freimaurerische Zeremonie und zugleich auf den eigentlichen politischen Gegenstand des Artikels: Gustav Stresemann besuchte Paris. Tucholsky tat alles, um den deutschen Außenminister zu diskreditieren. Stresemann sei, so Tucholskys Resümee, „nicht zuverlässig". Destruktiver konnte man einen Außenminister nicht kritisieren. Frankreich solle sich, so Tucholsky, vor allem nicht durch die Logenmitgliedschaft des Außenministers täuschen lassen, die deutschen Maurer seien „ausgesprochen reaktionär". „Herr Gustav Stresemann ist in diesem Jahre Freimaurer geworden, und das ist in Frankreich nicht unbekannt geblieben. Der Vielgeschäftige, der keine industrielle Vereinigung, keine politische Partei, keine Clique und keine Gruppe an sich vorübergehen läßt, in der er Zukunft wittert, hat sich bemüßigt gefühlt, nun auch in Weltanschauung zu machen." Stresemann sei „schlau – aber nicht klug". Zu befürchten stehe nur, „daß manche Franzo-

265 Vgl. auch Tucholskys Ludendorff-Parodie: „Die freimaurerischen Mächte der Jesuiten wollen auch über den 13. Juli ihr dunkles Netz werfen. Wie bekannt, hat der Papst im Grand-Orient geschworen, diesen Tag zum Ausgangspunkt seiner Propaganda für den nächsten Weltkrieg (siehe meine Broschüre ‚Die Reu ist kurz, der Wahn ist lang', Preis 0,90 RM.) zu machen. Ich gebe hier für die Volksgenossen eine verantwortliche Aufklärung: Am 13. Juli hat überhaupt kein Kriegsrat stattgefunden. Mir ist auch niemals ein Protokoll über diesen Kriegsrat vorgelegt worden; ich habe zu diesem Protokoll selbstverständlich keine Stellung genommen und übernehme namens des Hauses Ludendorff die volle Verantwortung." Kurt Tucholsky, Memoiren aus der Kaiserzeit. In: ders., Gesammelte Schriften Band 9. Reinbek 1975, S. 160

sen geneigt sind, in ihm wegen seiner Zugehörigkeit zur Loge einen guten und trefflichen Mann zu erblicken." Sein Freimaurertum „wäre zuallerletzt geeignet, ihn zu einem guten Republikaner in französischem Sinne zu stempeln." In Stresemanns Loge reiche der „Gedanke der Menschheit" nur bis Saarbrücken. Man könne Frankreich vor Stresemann „gar nicht genug warnen". Und weiter heißt es, in einer tiefen Verneigung vor seiner eigenen neuen Lorenheimat, in Frankreich seien die Freimaurer „geistig hochstehende Vereinigungen von Männern, die ihre Gesinnung bei jeder Gelegenheit – vor allem aber in der Politik – in die Tat umsetzen ... Hüben, bei den Deutschen, eine lendenlahme Vereinsmeierei mit verblasenen Überbleibseln alter Ideologien, die zu nichts verpflichten, Herrn Stresemann nicht und auch sonst keinen. Die Redensart: ‚Das sind die richtigen Brüder!' bekommt hier einen ungeahnten Sinn."[266] Hier, gegen den Außenminister, der sich um eine friedliche Revision des Versailler Vertrages bemühte, schrieb kein kritischer deutscher Zeitgenosse mehr, sondern ein Einflußagent, der die Franzosen „gar nicht genug" vor dem Repräsentanten seines eigenen Landes „warnen" konnte.

Zu einem der erregendsten Verfahren der späten Weimarer Republik wurde der Prozeß gegen Carl von Ossietzky. Im März 1929 war in der „Weltbühne" ein Artikel erschienen, der sich mit der verdeckten deutschen Aufrüstung befaßte, die unter Umgehung des Versailler Vertrages stattfand. Der Vertrag hatte das Heer auf 100 000 Mann beschränkt und den Aufbau einer Luftwaffe untersagt. Unter der Überschrift „Abteilung M" schrieb Walter Kreiser, ein Flugzeugkonstrukteur, in der „Weltbühne", in kaum verhüllten Andeutungen über die geheime Aufrüstung der Reichswehr, vor allem der von den Siegern verbotenen Luftwaffe. „Diese ‚Erprobungsabteilung Albatros' ist zu Lande dasselbe, was an der See die ‚Küstenflugabteilung der Lufthansa' darstellt. Beide Abteilungen besitzen je etwa dreißig bis vierzig Flugzeuge, manchmal auch mehr. Aber nicht alle Flugzeuge sind immer in Deutschland."[267] Tatsächlich hatte die Reichswehr ein Abkommen mit der Sowjetunion, das ihr dort Übungsmöglichkeiten verschaffte. Denn am Versailler Vertrag nahm Sowjetrußland, das nicht zu den Signatarmächten gehört hatte, kein Interesse – im

266 Ignaz Wrobel. Die Weltbühne, 9. Oktober 1924, S. 541

267 Heinz Jäger: Windiges aus der deutschen Luftfahrt. In: Die Weltbühne. 12. März 1929, S. 402–407, hier S. 407

Gegenteil, es unterstützte in manchen Fällen eine Revisionspolitik. Der einzige Nutznießer der „Weltbühnen"-Enthüllung war Frankreich. Ossietzky wurde 1931 wegen Landesverrat und Verrat militärischer Geheimnisse angeklagt und schließlich zu einem Jahr und sechs Monate Gefängnis verurteilt. Nicht im Nationalsozialismus, sondern in der demokratischen Republik.

Abtreibung und Euthanasie: Frankreichs Maurer und die Bioethik

Nach der Aufklärung", erklärte kein Geringerer als Karl Kardinal Lehmann in einer Rede, „haben … vor allem Freimaurer und Marxisten die Feuerbestattung betont als praktisches Mittel gegen die Kirche eingesetzt, indem sie ihrerseits in der Feuerbestattung ein Argument gegen die Unsterblichkeit der Seele und den Glauben an eine Auferstehung der Toten sahen."[268] Der erste Mensch, der sich kremieren ließ, und zwar am 6. Dezember 1876, soll der amerikanische Theosoph und Freimaurer Baron Joseph DePalm gewesen sein.[269] Norbert Fischer hat die Szene geschildert: „Dieser demonstrative Akt fand vor vielen Zuschauern auf dem Privatgrundstück des Arztes und Feuerbestattungspionier Francis Julius LeMoyne … statt, wo ein kleines Privat-Krematorium errichtet worden war." Für Belgien stellte Clifton D. Bryant ein ähnliches Muster fest. Obwohl Trauerfeiern in Kirchen weiter die Norm bildeten, werde doch eine wachsende Zahl solcher Feiern in Krematorien verlagert, zumal in den Städten. „Die Kremierung wurde in Belgien zunächst von Nichtkatholiken gefördert – die meisten unter ihnen Freimaurer – die sich entschieden gegen die institutionelle Macht der Kirche wandten".[270] Für Italien behauptet die „Encyclopedia of cremation", das erste Feuerbestat-

268 Karl Kardinal Lehmann, Die Häuser der Toten. Das Grab und der Friedhof als Spiegel von Glaube und Kultur. Festrede bei der Friedhofskulturellen Tagung anläßlich der Bundesgartenschau in München am 9. September 2005, veranstaltet vom Bundesinnungsverband des Deutschen Steinmetz-, Stein- und Holzbildhauerhandwerks. http://www.bistummainz.de/bistum/bistum/kardinal/texte/texte_2005/friedhof.html

269 Norbert Fischer: Zwischen Technik und Trauer. Berlin 2002. Kapitel 2: Die frühen Krematoriumsbauten: Planung, Technik und Architektur. http://www.n-fischer.de/feuer_krematorium_2.html

270 „Cremation in Belgium was first promoted by non-Catholic individuals – mostly Freemasons – who strongly reacted against the institutional power of the church." Handbook of Death & Dying. Thousand Oaks 2003, S. 624

tungskomitee habe ausschließlich aus Freimaurern bestanden[271] Und tatsächlich war dort schon im Januar 1876 der wohlhabende Alberto Keller kremiert worden – die Genehmigung hatte der freimaurerische Innenminister Nicotera persönlich erteilen müssen.[272] Garibaldi hatte sich die Feuerbestattung zwar ausdrücklich im Testament gewünscht, allein die Familie entschied anders. Ähnliches wie für Belgien und Italien gilt für Argentinien, überhaupt für die katholischen Länder.

Kardinal Lehmann allerdings ist eine Pointe der „fortschrittlichen" Anwälte der Feuerbestattung entgangen, wenn er weiter schreibt, die Kremierung werde heute „kaum mehr aus ideologischen, sondern immer mehr aus hygienischen, wirtschaftlichen und auch ästhetischen Gründen" gewünscht und folglich sei das kirchliche Verbot aufgehoben, weiterhin nicht gestattet sei sie nur, „wenn sie den Glauben an die Auferstehung in Frage stellen will."[273] Der Kardinal übersieht, daß schon im neunzehnten Jahrhundert bei den Pionieren der Kremierung stets das hygienische Argument in Anschlag gebracht worden war, und sei es auch nur, um andere ideologische Absichten zu kaschieren. Hier haben nicht die Kremierungsfreunde, hier hat die Kirche eine Rückzugsposition bezogen.

Ein weiteres zentrales Thema, um das der Streit zwischen der Kirche und der Freimaurerei ausgetragen wird, und bei dem sich die laizistische Position kämpferisch profilieren konnte, war und ist der Komplex von Abtreibung und Empfängnisverhütung. Noch im November 2008 stellte Pierre Lambicchi, Großmeister des Grand Orient, in einem Gespräch mit der Zeitung „Le Républicain Lorraine" fest, die Logenarbeiten handelten vornehmlich von drei großen gesellschaftlichen Fragen: Laizität, Empfängnisverhütung und Abtreibung; hier wolle man „Position beziehen".[274] Die Tradition dieser Logenarbeiten reicht in die fünfziger Jahre zurück. Seit 1956 wandte sich die öffentliche Meinung Frankreichs

271 Douglas James Davies und Lewis H. Mates, Encyclopedia of cremation. Farnham 2006, S. 209

272 A.a.O., S. 208

273 Wie Anm. 268

274 „En fait, aujourd'hui, nous sommes discrets. Il n'y a pas de secret particulier au Grand Orient si ce n'est le travail des membres. Le travail que nous produisons est le secret maçonnique. Notre travail consiste à prendre position sur tous les grands sujets sociétaux: laïcité, contraception, avortement." Zitiert nach: Le Grand Orient de France soulève le bandeau. Pierre Lambicchi, grand

Grand Orient, Paris

nach links. Damals begann die Bildung eines Netzwerkes zur Förderung der Geburtenkontrolle, dessen Mitglieder, wie Melanie Latham schreibt, sich aus „nonkonformistischen" Kontakten bildete, die zur gesellschaftlichen Hegemonie der katholischen Kirche in Opposition standen, vornehmlich aus Protestanten, Freimaurern und Juden.[275] 1963 gab es im Grand Orient Konferenzen

maître du Grand Orient de France, animera ce soir à Saint-Avold une conférence sur le thème Fier d'être franc-maçon". Le Républicain Lorraine, 7. November 2008.

275 Melanie Lathame, Regulating reproduction: A Century of Conflict in Britain and France. Manchester University Press, 2002, S. 57: „Along with a more left-wing orientation to the French political climate in the mid-1950s under the left-wing government, individuals on the left in various organisations

über Familienplanung.[276] Zu den einflußreichen Figuren der Bewegung, die schon 1956 in die Öffentlichkeit trat und sich „Maternité heureuse“ nannte, gehörte die Rechtsanwältin und Freimaurerin Anne-Marie Dourlen-Rollier.[277] Auch Pierre Simon, der das Abtreibungsgesetz von 1975, die sogenannte „Loi Veil“ (benannt nach der damaligen Gesundheitsministerin Simone Veil) mitredigierte, hat in einem Interview, das kurz vor seinem Tod geführt wurde, mit Stolz auf den maurerischen Anteil an dieser Bewegung zurückgeblickt. „Die Bewegung zur Familienplanung („planning familial“), von der Sie sprechen, wurde mehrheitlich von Maurern begründet, mit der Ausnahme unserer Präsidentin Madame Lagroua Weill-Halé, unserer ersten, hochgeschätzten Gründerin.“[278] Simon, 2008 verstorben, war Großmeister der Grande Loge de France, die mit dem Grand Orient konkurriert. Er hatte den 1972 erschienenen „Rapport Simon sur le comportement sexuel des Français“ verfaßt, der als der französische Kinsey-Report gilt.[279] Von Beruf Gynäkologe und Endokrinologe, en-

---

and professions began to discuss birth control an initiate a network of nonconformist contacts (Jews, Protestants, Freemasons) centred on Dr. Weill-Hallé.“ Ähnlich im Tenor, aber mit merkwürdiger Formulierungsvariante bei Philip Meredith und Lyn Thomas, Planned Parenthood in Europe: A Human Rights Perspective. International Planned Parenthood Federation, 1986: „Different movements were thus converging towards the same objective: young Protestant women, freemasons, rationalists, zionists, liberals and progressives and teachers all wanted to fight for wanted pregnancy.“ Allenfalls für Lucien Neuwirth möchte man gelten lassen, daß er sich zionistisch engagierte: er gehörte zur *Association France–Israël.*

276 Vgl. Claire Duchen, Women's rights and women's lives in France, 1944–1968. New York 1994, S. 182

277 A.a.O., S. 173: „In 1956, together with the lawyer and Freemason Maitre Dourlen-Rollier, Madeleine Tric from Jeunes Femmes, Andrée Marty-Capgras, other women doctors … Sullerot and Weill-Halle founded the movement which was to become the Mouvement Français pour le Planning familial.“

278 Pierre Simon im Gespräch mit der Grand Loge de France, ausgestrahlt im Juni 2008. Textversion nach der Seite der Loge: http://www.gldf.org/content/view/210/89/lang,fr/

Weiter erklärte Simon: „J'ai été personnellement au Cabinet de Michel Poniatowski qui était ministre de la Santé, à la mort de Pompidou, où l'on préparait déjà la Loi qui devait devenir la Loi Veil.“

279 In der Gedenkrede, die seine Tochter Perrine Simon-Nahum auf ihn hielt, in Anwesenheit von Sarkozy und mehreren Ministern, lesen wir über Pierre Simon: „Franc-maçon, il s'est toujours vécu comme profondément juif, voy-

gagierte auch er sich seit den fünfziger Jahren als prominentester Streiter für das, was man wohlwollend „Familienplanung“ nennt und was, weniger vornehm gesagt, auf Empfängnisverhütung und Abtreibung hinausläuft. Der legalisierten Abtreibung vorhergegangen war 1967 die Freigabe der Empfängnisverhütung in der „Loi Neuwirth“, einem Gesetz, das seinen Namen nach Lucien Neuwirth trägt. Neuwirth war als freimaurerischer Abgeordneter bekannt.[280] Man nennt ihn den „Vater der französischen Pille“.

Papst Benedikt XVI. hat sich in der Enzyklika „Caritas in veritate“, Liebe in Wahrheit, zu diesem Komplex geäußert. Er beklagt die Praktiken der Bevölkerungskontrolle durch die Regierungen in vielen Teilen der Welt, „die oft die Empfängnisverhütung verbreiten und sogar so weit gehen, die Abtreibung anzuordnen. In den wirtschaftlich mehr entwickelten Ländern sind die lebensfeindlichen Gesetzgebungen sehr verbreitet…, sie tragen dazu bei, eine geburtenfeindliche Mentalität zu lancieren, die man häufig auch auf andere Staaten zu übertragen sucht, als stelle sie einen kulturellen Fortschritt dar.“ Auch einige der meist hochgelobten Nichtregierungsorganisationen, so der Papst, „arbeiten aktiv für die Verbreitung der Abtreibung und fördern manchmal in den armen Ländern die Entscheidung für die Praxis der Sterilisierung, auch bei Frauen, die sich der Bedeutung des Eingriffs nicht bewußt sind“. Man habe den begründeten Verdacht, „daß gelegentlich die Entwicklungshilfe selbst an bestimmte Formen der

---

ant dans cet héritage la pierre sur laquelle il érigeait son action.“ (http://www.prix-pierre-simon.com/pierre-simon-hommage_1.html).

280 Die Tatsache von Neuwirths Logenzugehörigkeit ist unbestritten. Das Magazin „L'Express“ sieht ihn allerdings bei der Grand Loge de France, der Konkurrenz des Grand Orient. Vgl. Meynard Denis, Les réseaux qui comptent à Saint-Etienne. La franc-maçonnerie a le vent en poupe. In: L'Express, 3. Oktober 2002. Zur Biographie: „Neuwirth was born in St. Etienne to a Jewish father and a non-Jewish mother. In 1958 he was elected to the National Assembly“. Encyclopaedia Judaica. Jerusalem 1974, S. 256. Neuwirths größter Triumph in jüngster Zeit war die Legalisierung der „Pille danach“. Clara Dupont-Monod schrieb unter dem Titel „Lucien Neuwirth. L'homme qui aime les femmes“ am 8. Januar 2001 in dem Magazin „Marianne“ über ihn, als er sich für die kostenlose Ausgabe der „Pille danach“ an sozial schwache Minderjährige ausgesprochen hatte: „L'égalité des sexes, il y a toujours cru. Et, à 76 ans, cet humaniste, père de la contraception légale a encore gagné une bataille: celle de la pilule du lendemain. A chaque fois, il s'est battu contre son propre camp. La dernière fois, c'était en novembre 2000, au Sénat. Lucien Neuwirth défendait la gratuité de la pilule du lendemain pour les mineures défavorisées.“

Gesundheitspolitik geknüpft wird, die de facto die Auferlegung starker Geburtenkontrollen einschließen". Benedikt XVI. spricht von einer „Kultur des Todes", die schließlich darin gipfle, öffentlichen Druck für die Legalisierung der Euthanasie zu erzeugen. Im Kern sieht er darin den Wahn, die Herrschaft über das Leben selbst antreten zu können. Und so ist der wirkliche Graben zwischen der Kirche und der Freimaurerei so tief wie am Tag der Bulle „In eminenti apostolatus specula".

Was nun diese „Kultur des Todes" angeht, hat sich der Grand Orient früh hervorgetan, lange vor den aktuellen Debatten über die Sterbehilfe. 1992 erklärte man bei dem Straßburger Kolloquium der Obödienz, man müsse sich angesichts der Debatten um Abtreibung, Sterilisierung, künstliche Befruchtung und Euthanasie von „Dogmen, Gewißheiten, Verboten und Tabus" befreien.[281] Vor allem die religiösen Lehren seien hinter der Wissenschaft „schon lange" zurückgeblieben; ihre Ansichten von der Welt, vom Leben und von der menschlichen Natur erwiesen sich als zunehmend unangemessen und ohne jede Beziehung zur „Evolution der menschlichen Erkenntnisse". Profiliert hatte sich hier vor allem ein anderer Großmeister des Grand Orient (von 1975 bis 1977), Serge Béhar, der das Sterben als „letzten Akt eines freien Gewissens" bezeichnete.[282] Gerade als Freimaurer, der das menschliche Leben achte, könne man dem Menschen das Recht nicht bestreiten, über die Stunde seines Todes autonom zu entscheiden.[283]

Kehren wir zum Schluß in die engere Nachbarschaft zurück. Die Maurer erkennen die ihrigen. Auch zur schweizerischen Sterbehilfeorganisation „Dignitas" halten die Logen einen diskreten

281 Les droits sociaux du citoyen européen. Grand Orient de France, 1994, S. 61

282 Problèmes politiques et sociaux. Heft 314–326. Paris 1977, S. 38

283 Zitiert nach: François-Regis Cerutti, L'euthanasie. Paris 1987, S. 110. Béhars Arikel „Le droit de mourir à son heure. Point de vue maçonnique" erschien im Januar 1977 in der maurerischen Zeitschrift „Humanisme", Heft 114–115. Zur Biographie: „Serge Béhar est né en 1925 à Urfa, en Turquie, dans une famille sépharde. Il suit ses études à Istanbul puis s'engage dans les Forces françaises libres à Beyrouth avant d'entreprendre des études de médecine." Zitiert nach: Le répertoire des auteurs du théatre, http://www.chartreuse.org/Site/Cnes/RepertoireAuteurs/auteurs.php?ID_auteur=515. Béhars unmittelbarer Vorgänger im Amt des Großmeisters war Fred Zeller, der in den dreißiger Jahren als Trotzkis Sekretär gearbeitet hatte.

Kontakt. Ob Ludwig A. Minelli, Chef der „Dignitas", Freimaurer ist, weiß man nicht, dafür aber, daß er gelegentlich in Logenhäusern zum Vortrag geladen oder als Ehrengast begrüßt wird. Bei der Veranstaltung zum Geburtstag Ludwig Feuerbachs am 28.Juli 2006 im Logenhaus Nürnberg war er zugegen und wurde im Bericht eigens gerühmt: „Ganz wesentlich trug zum Erfolg der Spendenaktion Ludwig A. Minelli von Dignitas Schweiz (Menschenwürdig leben – Menschenwürdig sterben) bei. Aus einem zweckgebundenen Legat stellte er eine Einzelspende in Höhe von fünfzehntausend Euro zur Verfügung. Dies durchaus auch im Sinne von Ludwig Feuerbach, der bereits seinerzeit sich ausführlich zur Selbsttötung geäußert hat. Dieses Zitat hat Herr Minelli mit seiner Zeitschrift Mensch und Recht einer breiteren Öffentlichkeit ins Bewußtsein gerückt, wir können Ihnen hier aus der Nr. 100 vom Juni 2006 sowohl Näheres zur Spende wie auch dieses Textstück von Ludwig Feuerbach zur Selbsttötung zur Verfügung stellen."[284] In der Frankfurter Loge „Zur Einigkeit" sprach Minelli am 18. September 2008: „Der Mensch hat das Recht, zu entscheiden, wann er es nicht mehr ertragen kann, länger zu leben und der Staat hat die Pflicht, die Voraussetzungen zu schaffen, das Organisationen, wie Dignitate, den Menschen helfen können, einen würdevollen Tod zu sterben."[285]

Es fehlt – das erschließt sich erst hier im Gebiet der Biopolitik – dem freimaurerischen Ethos eine entscheidende moralische Dimension. Herrschend wird eine zum radikalen Autonomismus gesteigerte Haltung, die das Moment des Geschenks, der Gabe, nicht mehr wahrnimmt. Das Leben gerät in die Verfügung des Einzelnen gleichsam als sein Privateigentum. Mit dem Leben ist keine Kontinuität des Empfangens und Weitergebens in der Generationenkette, einer Gemeinschaft der Geschlechter mehr verbunden, es fügt sich einer, hier auf ihre Spitze getriebenen, Logik des Besitzindividualismus. Das Individuum wird zum Atom.

❖

Es ist Zeit für eine Bilanz. Gibt es eine freimaurerische Politik, steht hinter den Bruderschaften das Bild einer Verfassung? Läßt sich aus den republikanischen, manchmal fundamentalliberalen,

---

284 http://www.ludwig-feuerbach.de/denkmal.htm

285 http://www.wirtschaftsclub-rhein-main.de/pdf/Einladung_Wuerde.pdf

manchmal kommunistischen Tendenzen in ihrer verwirrenden Vielfalt irgendein faßbares Ziel ableiten, ohne dem Material Zwang anzutun? Hier endet die Aufgabe der pragmatischen Geschichtsschreibung und man muß den Begriff wagen. Alle Tendenzen, die wir beobachtet haben, kommen in der Vorstellung der Emanzipation, der „Befreiung" überein. Zieht man die Linien des freimaurerischen Gedankens aus, dann steht am Ende die völlig autonom gewordene Menschheit. Aber zugleich wäre sie dann unausweichlich einer geheimen Leitung unterworfen, einem verschwiegenen Kreis, zu dessen innersten Lehren kein Uneingeweihter Zugang haben darf, der durch eine Omertà nach Außen geschützt wäre und die Erforschung seiner Soziologie proskribieren könnte. Wir haben uns allerdings unterdessen auch ein Bild von den Lehren der oberen Ränge dieser Bruderschaften machen können. Die Idee einer vollends emanzipierten und zugleich geheimer Leitung unterstellten Menschheit ist nun wieder so eine Paradoxie, die dem Interpreten aufgibt, in ihr die kristallhelle Logik zu erkennen. In Wahrheit setzen die beiden auf den ersten Blick widerstreitenden Momente einander voraus; isoliert voneinander sind sie nicht denkbar. Man hätte, in äußerster Konsequenz, eine Herrschaftsform, gegen die gehalten vielleicht selbst die historischen Totalitarismen verblassen würden. Die Souveränität einzelner Staaten wäre beschränkt durch einen „Völkerbund", den schon Georg Forster antizipierte. Der kirchliche Einfluß, der noch über den sowjetisch bestimmten Kommunismus siegte, wäre vollends ausgeschaltet; die Gemeinschaften in Individuen atomisiert. Damit wären die Möglichkeiten der Resistenz zunichte gemacht. Gebildet gesagt: Die Dialektik der Aufklärung hätte ihr höchstes Stadium erreicht; und maurerisch gesprochen: Der Racheschwur der Kadosch-Ritter hätte sich endgültig erfüllt.

Personenverzeichnis

Alexander, Abraham 29 f.
Anderson, James 13
André, Louis 25 f.
Anna Amalia 35
Auld, Isaac 29

Baader, Franz von 18 f.
Babeuf, Gracchus 24, 52
Bakunin, Michail 12, 45, 53, 67, 72 f., 78 f., 83–90, 99
Balzac, Honoré 18
Barni, Jules 87
Barruel, Augustin 23
Baudelaire, Charles 66
Bauer, Alain 21, 75
Becker, Johann-Philipp 93
Bédarride, Joseph 57, 59
Bédarride, Marc 57, 59
Bédarride, Michel 57, 59
Bedouche 88
Béhar, Serge 134
Benedikt XVI. 133 f.
Benjowski, Moritz August 34
Bernays, Karl Ludwig 61 f., 67, 73 f.
Bieberstein, Johannes Rogalla von 22
Bismarck, Otto von 100
Blanc, Louis 56, 92
Bluntschli, Johann Caspar 64
Böhmer, Georg Wilhelm 41
Börne, Ludwig 26
Börnstein, Heinrich 61 f., 67
Bornstedt, Adelbert von 61
Bowen, T. B. 29
Bryant, Clifton D. 129
Büchner, Georg 9, 10
Büttner, Wolfgang 63
Buonarroti, Filippo 23 f., 52–55
Burmeister, Hermann 62
Burrows, Stephanie 125
Bush, Solomon 29

Cadet-Gassicourt, Charles-Louis 82
Cafiero, Carlo 89
Caputo, Dante 27
Carasso, Emmanuel 108, 110, 113
Carr, Edward Hallett 73 f., 91
Caussidière, Marc 73
Certeau, Michel de 14
Clemens V. 80
Clemens XII. 16
Clement, Jean Baptiste 104
Cochin, Augustin 12
Cohen, Moses 29
Combes, Émile 35 f.
Condorcet, Marquis Marie Jean Antoine Nicolas Caritat 9
Corday, Charlotte 43
Cornillet, Thierry 27
Cosimidi Effendi 112
Costa, Carlo 89
Craig, Gordon 33

Custine, Adam-Philippe de 43

Da Costa, Isaac 29
Dalcho, Frederick 29, 31
Danton, Georges 9, 43, 45
Delieben, Israel 29 f.
DePalm, Joseph 129
Desmoulins, Camille 9, 63
Diouf, Abdou 27
Disraeli, Benjamin 23
Djavid Bey 106, 109, 112
Dobruschka, Katharina 48
Dobruschka, Moses (siehe Frey, Junius)
Dolfi, Giuseppe 78
Dourlen-Rollier, Anne-Marie 132

Ecker und Eckhoffen, Baron Hans Heinrich 40
Eckhardt, Wolfgang 74
Eisenstadt , Elisabeth L. 23, 54
Eisenstein, Sergei 115
Engels, Friedrich 61,76, 93, 95
Ewerbeck, Hermann 63, 95

Fanelli, Giuseppe 88
Fénelon, François 28
Feuerbach, Ludwig 62, 135
Fischer, Norbert 129
Fitzmaurice, G. H. 107
Flocon, Ferdinand 73, 75
Fontaine, Léon 97
Forst, Abraham 29
Forster, Georg 22, 33–51, 136
Forster, Reinhold 34
Forster, Therese 36 ff.
Francken, Henry Andrew 29
Frank, Jacob 45, 51
Franklin, Benjamin 36
Frey, Junius 33–51
Fribourg, Ernest-Edouard 97
Friedrich der Große 27, 32
Friscia, Saverio 88

Gambetta, Léon 100
Gambuzzi, Carlo 88
Garibaldi, Giuseppe 78 f., 87, 93
Godnew, I. W. 118
Grasse-Tilly, Alexandre Graf 30 f.
Gubernatis, Angelo de 83
Guillotin, Joseph-Ignace 9
Gutschkow, Alexander 116
Guyon, Jeanne Marie 28

Habermas, Jürgen 15, 51
Hacisalihoglu, Mehmet 110
Haeckel, Ernst 121
Hacquet, Germain 81
Hays, Moses Michael 29
Hébert, Jacques-René 9, 43
Hegel, Georg Wilhelm Friedrich 33
Heine, Heinrich 61, 64 ff., 68
Helphand, Alexander Israel 111
Helvetius 14, 36 f.
Herwegh, Georg 61
Hess, Moses 64, 71, 94–100, 113
Hitler, Adolf 108
Hollaenderski, Leon 98
Honis, Samuel 92
Huber, Ludwig Ferdinand 36

Humboldt, Alexander von 34 f.

Iffland, August Wilhelm 34

Jaclard, Victor 88
Jacobs, Abraham 29
Jäckh, Ernst 108
Joseph II. 48 f.
Jouhaust, Achille Godefroy 28
Judson, L. Carroll 20

Kedourie, Elie 107
Keller, Alberto 130
Kerenski, Alexander 114–120
Kleffel, Richard 108
Konowalow, Alexander
Koselleck, Reinhart 14
Kreiser, Walter 127
Kuskowa, Elena 118

Laclos, Pierre Cholderlos de 9
Lagroua Weill-Halé, Marie-Andrée 132
Lalande, Jérôme 36
Lamartine, Alphonse de 73
Lambicchi, Pierre 130
Lassalle, Ferdinand 94
Latham, Melanie 131
Lechangeur, Charles 58
Le Chapelier, Isaac 9
Lehning, Arthur 23, 52, 78
Lehmann, Karl Kardinal 129
LeMoyne, Francis Julius 129
Le Lubez, Victor 93
Lessing, Gotthold Ephraim 15, 71
Levasseur, René 63
Levy, Moses Clava 29
Lissagaray, Prosper 102 f.
Long, Hyman Isaac 29
Lowther, Gerard 106 f., 111
Luckow, Marion 82
Ludendorff, Erich 125
Ludwig XVI. 21, 114
Lukács, Georg 123 f.
Luria, Isaac 18
Lwow, Fürst Georgij 118
Lwow, Wladimir N. 118

Mäurer, German 70
Malatesta, Errico 89 f.
Manuilow, Alexander 118
Mann, Thomas 5, 124
Marat, Jean Paul 9
Marconis de Nègre, Jacques-Étienne 91
Marie Antoinette 114
Markner, Reinhard 108 f.
Martens, Joachim Friedrich 66
Marx, Karl 61, 66, 70, 76, 84, 88, 93, 95, 103
Massol, Alexandre-Marie 95 ff.
Mazzini, Giuseppe 5
McCagg, William O. 47
Melzer, Ralf 121
Menéndez Pelayo, Marcelino 26
Merck, Johann Heinrich 35
Meyer, Friedrich 36
Meyerbeer, Giacomo 68
Michel, Louise 104
Mickiewicz, Adam 20
Miljukow, Pawel 118
Minelli, Ludwig A. 135

Mitchell, John 29
Molay, Jacques de 80 f.
Molitor, Franz Josef 47
Motta, Emanuel de la 29
Moultrie, James 29, 31
Morin, Stéphane (oder: Étienne) 29 f.
Moscovici, Pierre 27
Mustafaj, Besnik 27
Myers, Joseph 29 f.
Myers, Samuel 29

Nabokow, Wladimir 118
Nabruzzi, Lodovico 89
Nahoum, Haim 109
Napoléon III. 99 f.
Napoléon, Joseph 26
Napoléon, Lucien Murat 92
Nathan, Simon 29
Nekrassow, Nikolai 118
Nettlau, Max 84
Neuwirth, Lucien 133
Nicolai, Christoph Friedrich 41
Nicotera, Giovanni 130
Nikolaevsky, Boris I. 92 f.
Nikolaus II. 114, 116
Nord, Philipp G. 96

Obolenskij, Fürst Wladimir Andrejewitsch 119
Oelckers, Theodor 62
Ossietzky, Carl von 121–128

Paine, Thomas 9
Paléologue, Maurice 114
Parvus – siehe Helphand
Pasqually, Martines 18, 69, 113
Pétain, Philippe 26
Philipp der Schöne 80 f.
Pipes, Richard 72
Porset, Charles 12
Potocki, Jan 21
Prati, J. P. de 53 f.
Proudhon, Pierre-Joseph 95
Pyron, Jean Baptiste 81

Quillardet, Michel 25

Ramsay, Andrew Michael oder André Michel 28
Randall, Thomas 29
Ranvier, Gabriel 102
Rebold, Emmanuel 58
Reclus, Elie 84, 96 f.
Reclus, Elisée 88, 96
Rey, Aristide 88
Rijnberk, Gérard van 19
Richard, Albert 88
Robespierre 9, 43
Roditschew, Fedor 118
Rohrbach, Paul 108
Rousseau, Jean-Jacques 14, 53
Ruge, Arnold 61

Sade, Donatien Alphonse François Marquis de 82
Saint-Just, Antoine de 114
Saint-Martin, Louis Claude de 18
Sarkozy, Nicolas 21, 75
Schacht, Hjalmar 108
Schaumburg-Terner, Ursula 20 f.
Schily, Victor 97
Schingarew, Andreij 118
Schlegel, Friedrich 33

Schmitt, Carl 14, 40, 47
Schönfeld, Thomas von (siehe Frey, Junius)
Scholem, Gershom 44, 47, 106
Schweizer, Ferdinand Baron von 73
Sharp, Lynn L. 96
Sieyès, Emmanuel Joseph 9
Silberner, Edmund 95, 98
Simon, Jules 101
Simon, Pierre 132
Skórzewski, Heliodor Graf von 74 f.
Smith, Nathan 115
Sömmering, Samuel Thomas 39
Spener, Johann Karl Philipp 36
Spitzer, Barend Moses 29
Stresemann, Gustav 126 f.
Strodtmann, Adolf 67

Talaat Bey 109, 112
Talleyrand, Charles-Maurice de 9
Tedesco, Victor 76
Tereschtschenko, Michail 116
Teste, Charles 56, 59 f.
Thälmann, Ernst 124
Thiers, Adolphe 100
Thirifocq, Émile 102 f.
Tolstoi, Leo 17
Trotzki, Leo 114
Tucholsky, Kurt 121–127

Urbain, Raoul 105

Vallès, Jules 102
Veil, Simone 132
Villepin, Dominique de 9, 11
Voltaire 14, 36, 85
Vyrubov, Grigorij 87 f.

Weerth, Georg 61
Wehler, Hans Ulrich 124
Weill, Alexander 98
Weishaupt, Adam 23, 54
Wit, genannt von Dörring, Ferdinand Johannes 58, 82

Zeller, Fred 134
Zwetajewa, Marina 114

KAROLINGER VERLAG
AUS UNSEREM PROGRAMM

Joseph de Maistre

DIE FREIMAUREREI

Herausgegeben von A. Carron de Viat
Erstmals deutsch von Cornelia Langendorf
Br., ISBN 3 85418 036 5, 2. Auflage

Fernando Pessoa

POLITISCHE UND SOZIOLOGISCHE SCHRIFTEN

Herausgegeben von Brunello de Cusatis
ISBN 3 85418 071 3

Fernando Pessoa (1888–1935) ist der bedeutendste Dichter der portugiesischen Moderne. Geboren in Lissabon aus jüdischer Familie, wächst er zweisprachig in Südafrika auf und kehrt nach neun Jahren nach Lissabon zurück. Seine politisch-soziologischen Arbeiten erscheinen hier zum ersten Mal auf Deutsch.

Lorenz Jäger

DAS HAKENKREUZ

Zeichen im Weltbürgerkrieg
Eine Kulturgeschichte
Leinen, 240 Seiten, zahlreiche z. T. farbige Abbildungen
ISBN 3 85418 119 3

„Nur aus der agonalen Situation des Weltbürgerkriegs, in dem innerstaatlich-soziale, zwischenstaatlich-imperialistische und ethnische Konflikte sich bis zur Ununterscheidbarkeit überlagerten, verstehen wir die Geschichte des Hakenkreuzes." – Lorenz Jäger

„Ein Standardwerk …" – *Süddeutsche Zeitung*

Auguste Romieu

DER CÄSARISMUS

Das rote Gespenst von 1852
Gebunden, ISBN 3 85418 063 2

Karolinger Verlag
Kutschkergasse 12/7, 1180 Wien
verlag@karolinger.at, www.karolinger.at